幸福99

別吃愛情毒蘋果

結婚吧，然後你就會神經錯亂。

——我的父親晏斯・英格沃森（Jens Ingwersen）

Preface

前言

這本書可能會讓你會心一笑，或使你躺在長椅上左思右想，你也可能把它往牆壁扔，又或許會感到昏昏欲睡（很詭異，像我看了駭人聽聞的新聞後，總睡得特別香甜）。

這本書中談論的是我們生命中最珍貴的東西——親密的兩性關係。或許有些嚴肅，不過，正是因為嚴肅才更需要「輕鬆的聊法」；自在的態度無疑是應付人生的聰明法門，幽默、笑話、再加上一些機智，都能夠幫助我們面對生活中的困難、疑惑、傷害……以及那些既溫和卻又瘋狂的舉動——因為我們大多數人的親密關係危機，往往都是從平日自然而然演變來的。

讀者眼前的這本書是一份演講稿的修訂版。為使讀者感受到這本書無所不談、具可讀性，所以做了一些修改。當時這篇演講受到兩

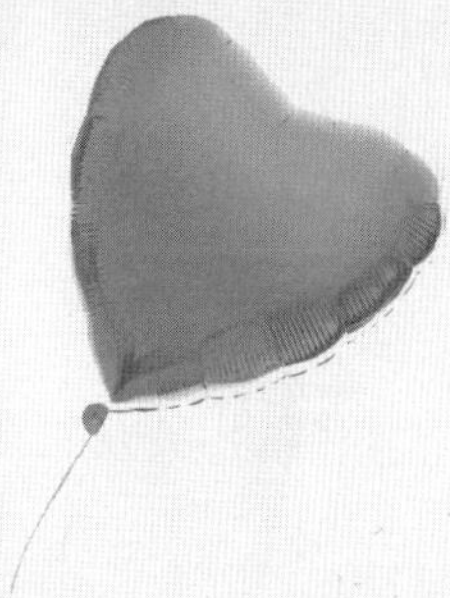

位摯友——雷西勒（Walther Lechler）和弗瑞（Beate Frey）的鼓勵，並在一九九八年首度於北黑森林的巴德—黑恩那伯（Bad Herrenalb）公開演講。之後便陸續接到其他地區的演講事宜詢問，演講實況錄音也在接著幾年內正式問市。後來，透過我太太認識了格思（Kösel）出版社當時的發行人威德（Christoph Wild）博士，他提議將這份演講稿出版成冊。對此，我由衷感激他，特別是他的鼓舞。

本身是專職的心理治療師，而在跟隨最尊敬的醫療教學權威雷西勒博士期間（也是巴德—黑恩那伯診所前主任醫師），我得以觀察並學習。雷西勒博士不僅秉持著尊敬之心，為他的當事人開啟一扇扇的診療之門，更透過出版、特別是公開演講，在大眾面前亮相，提供他的當事人特別重要的額外服務——那就是讓他們在走進那扇門接受「首次診療」之前，可以藏身在聽眾群中，瞧瞧這位心理治療師，安心地觀察他——以德國人的思維來說，這是有差別的，就跟買車前要試乘的道理一樣。

當事人事前應該要有機會能用放大鏡打量治療師，比方說，能先去聽我的演講，感覺一下雙方的磁場是否相合；如果缺乏這樣的機會，那我也會要求他們先在約定的療前諮商與我接觸，因為事前的互相理解對於療程進行的順暢與否有很大的影響。

基於這個原因，我這個心理治療師也成了演講者與作家；為那些聽過演講或看了書之後，決定要接受心理治療的聽眾或讀者，提供心理診療服務。如此一來，他們也會更清楚如何與心理治療師相互配合。

因此，我的演講活動和書籍出版也是心理診療的一部分；與此同時，這二十五年來的臨床心理治療經驗亦豐富了這些演講和寫作內容——其中當然還包含我五十年的個人生活經驗，特別是與我親愛的、同為心理治療師的老婆妲瑪（Dagmar）共同密切合作的成

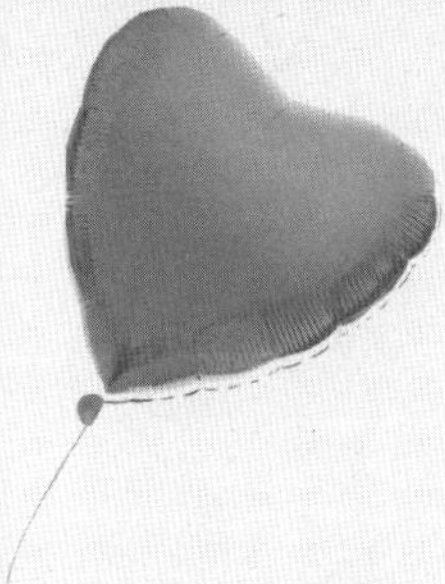

果，還有我們三個孩子和朋友們帶給我的生活點滴。

寫這本書的目的，當然並非期待讀者閱讀這本書後就有立竿見影的「聊」效。最主要的，「只是」希望能娛樂和鼓舞大家。我深信有品質的心理治療，應該是讓當事人帶著愉悅和好奇的心，而非用受苦和焦慮的態度來進行診療，那樣才能有一個好的開始。

我們最小的兒子十歲時，有一次很認真地告訴我們他對校長的看法：「她嚴格得不得了，不過最重要的是：她從不讓人覺得無聊。」——其實不止我兒子和我，連權威的專家也認為：一定的娛樂，對所有學習和治療歷程助益甚大。

所以這本書偏向以愉悅的態度處理這類嚴肅的主題，希望給予讀者一些刺激，促使他們接受諮商。

Preface

作者序

99種兩性關係殺手

透過這本書，我想跟大家談一些有益於兩性關係的觀念。這些寶貴經驗是從我二十年來的婚姻，以及曾諮商過多對個案中所學習、累積下來的。

不過，與其告訴大家蒐集而來的所謂正確的因應之道，我更想為大家列出一份造成兩性關係破裂的殺手名單，說說如何反其道而行。這個舉動雖有違正面思考的理念，但對我而言，這些逆向操作的手法反而比正向因應辦法更有幫助。

就讓我以航海做為比喻來說明我的寫作策略。這說法或許你們

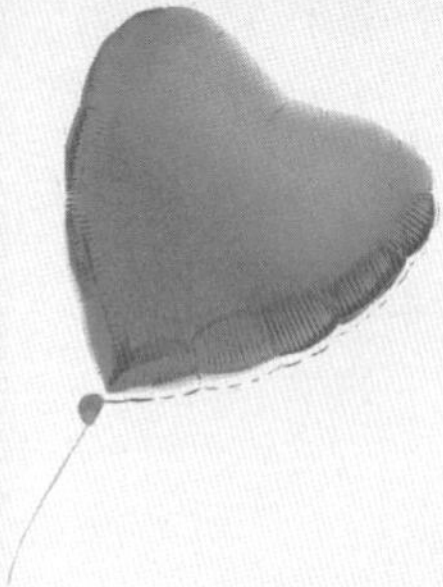

有些人曾聽說過，就算是長期住在內陸的人應該也不難想像：

航海時，船長一向都只注意利於行駛的航道，並不會特別留意寬廣、平靜、順暢的航道，反而投入更多的專注力與行動力在那些他想防止的狀況上。比如暗礁、淺灘、冰山、風暴、漩渦等等。他投注了全部心力，極力避免這些海上殺手襲擊，以確保整段航行能依他所想，在狀況良好的航道上，一路暢行。

在這本書中，我也依樣畫葫蘆，為各位列出種種可能導致分手、婚姻觸礁的原因。透過這種如同送給大家一張暢行無阻的航海圖方式，誠心希望讀者循著這張圖，安穩地航行在寬闊蔚藍的海面上，無須擔心擱淺。

兩性關係也許就像一面寬廣的大海或是一片廣大自由的領土，空間大到對很多人來說有數不盡的可能性（來展開一段親密關係）。要逐一描述這些無盡的可能性，自然是不可能的任務。因此，我想在這種棘手的狀況中用刪去法來劃出界線。

接下來我所要做的不外是向各位一一細數可能危及兩性關係的諸多風險與阻礙。有些聽起來似乎不合邏輯，有些乍看之下或許有所重疊——而這些也正是談論這個主題的難處。不過，我想做的並不是分享一套毫無破綻的學術理論，純粹只想在這條荊棘的路上，為你們豎起一些路標與警告標誌。

也許有些讀者在看完這本書後，心裡會充滿困惑。好像這本書為讀者在這片廣大、空曠、自由的海面上提供了廣闊的視角，半途卻又棄人於海上漂流而不顧。如果讀者有這種疑惑，可能必須尋求更專業的諮詢。這有時會更有幫助。

另外還要補充一點，我一直沒能找到一個適合歸納這些導致分手肇因的系統，所以，這99個分手理由是想到哪就寫到哪而成的。

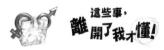

Contents

目錄

前言 04

作者序：**99種兩性關係殺手** 08

1. 期待好運降臨 20
2. 幻想王子和公主從此過著幸福快樂的日子 22
3. 相愛，不結婚，卻長期同居 23
4. 簽訂婚前協議書，明訂財產分配 26
5. 想要孩子，所以結婚 27
6. 「媽媽的兒子」和「爸爸的女兒」 29
7. 尋找一段轟轟烈烈的愛情 31
8. 只看對方的缺點，而不接受原本的她或他。然後，為了維持彼此的關係，花了一輩子的時間去矯正對方的缺點 33

9. 相信愛是萬能的　34
10. 在開始關係後才慢慢培養危機處理的共識　36
11. 鉅細靡遺地告訴另一半，舊愛或是情敵的喜好　37
12. 用肉體以外的條件做為親密關係的門檻　38
13. 「一個一無所有的男人入贅到一個富有的家庭，對他太太和娘家來說，他這一輩子永遠都是個可憐蟲。」
——海寧格 Bert Hellinger　40
14. 選那種一看就知道沒有幽默感的伴侶　42
15. 劈腿　45
16. 墮胎　46
17. 不尊重另一半的Ex-……　48
18. 婚前婚後兩個樣　49
19. 試圖當一個好繼父　50

Contents

20. 老公在婆媳戰爭之間保持「中立」，導致親密關係破裂的「婆婆變奏曲」 52
21. 不懂得對公婆表達感激之情 54
22. 四處宣揚兩人的親密行為 56
23. 「施捨」對方單向的性愛，把自己變成另一半的洩慾工具 57
24. 面對嬰兒死亡、死胎或是流產，卻讓對方獨自哀悼 58
25. 腦中藏有自殺的念頭 59
26. 不尊重對方的出身背景 61
27. 「我不能沒有你，你要是離開，我就死給你看。」 62
28. 忽視親密關係的「有機性」，沒有每天為它灌溉養分 63
29. 有酒癮、厭食症、藥物成癮、偏頭痛和沮喪……等症狀 64
30. 執意「改造」對方，直到他終於比較像我要的人 65
31. 緊迫盯人或放牛吃草 66

32. 一連串的嚴格考驗，測試對方的耐性或忠誠度 67
33. 就是不說「我愛妳」 69
34. 逼迫另一半要立刻變得浪漫溫柔，還要馬上有所表現 71
35. 沒有替自己和對方做好任何心理準備 72
36. 誤以為愛情也隨著時代一樣變得自由開放 74
37. 守著有怪癖、酒癮、玩世不恭、不忠貞或是有暴力傾向的另一半，不求關係的美滿，只求聖潔忠貞；又或者，一開始就離開這樣的伴侶，連一點機會都不給他 76
38. 在找到心目中的白雪公主或白馬王子之前，先找個人湊合著，然後暗地裡繼續尋找理想對象 78
39. 保護或憐憫另一半 79
40. 用斥責等負面的方式表達心裡對愛的期望 82
41. 不相信全天下的男人都是豬頭 83

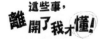

Contents

42. 相信可以跟女人理性的對話 85

43. 輕率地浪漫，為路邊的野花而瘋狂 86

44. 個人事業重於親密關係 88

45. 親子關係重於夫妻關係 89

46. 讓另一半懷有深深的罪惡感 90

47. 對於原先的約定，不願討論，或成天想著要討論 92

48. 主張大男人可以改變 93

49. 決定展開一段親密關係，卻不肯搬出和朋友一起合租的公寓 94

50. 忽視性愛的影響力 95

51. 漠視親暱接觸 97

52. 輕忽生育問題 99

53. 企圖征服對方、控制對方、掌握對方 100

54. 內心並未真正接受另一半 101

55. 不斷緬懷失去的另一半 102
56. 深信愛情中沒有年齡問題 103
57. 每個禮拜買一本心理分析的書，然後在每天睡前與另一半分享 104
58. 無法好好共渡剩餘的時光 105
59. 當兩人漸行漸遠時，未與對方溝通就胡亂道歉 106
60. 想以「坦然」的方式，迎接快樂結局 107
61. 要求對方為他的過錯付出「同等」的代價 108
62. 高舉著「女性比較先進」的大旗 109
63. 絕對誠實，完全不保留一點秘密 110
64. 喜歡「放大檢視」 111
65. 找到錯誤的愛情治療師 112
66. 背負精神創傷的伴侶 113
67. 朝夕相處，卻不設法「充電」 115

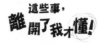

Contents

68. 以舊愛做為衡量現在伴侶的標準 116
69. 為兩性關係犧牲自我 117
70. 被另一半要求脫離原本的朋友圈 118
71. 將心理治療視為萬能的替代情人 119
72. 企圖將孩子塑造成心目中的理想伴侶 120
73. 該死的宿命論 121
74. 不懂得「危機就是轉機」 122
75. 為自己家中的事牽腸掛肚，而忽略了身旁的伴侶 123
76. 拿孩子當作籌碼 124
77. 不管另一半想或不想，就是堅持要「生孩子」 125
78. 因為伴侶不想要孩子而不敢強求 127
79. 老公在老婆懷孕期間因為突然感到害怕而退縮；老婆在產後以「不讓他接近孩子」做為懲罰 129

80.想向父母證明 130
81.短暫的分手 131
82.不懂得尊重伴侶與其出生家庭的糾葛 132
83.和舊愛一直保持密切聯繫 133
84.要孩子幫忙守住不想讓另一半知道的秘密 134
85.不肯為兩人的親密關係騰出時間 135
86.「你可不可以浪漫點……」 136
87.「我雖然對你兇了點，但其實這不是你的錯。」 137
88.「你不用怕我。」 138
89.「我好怕你！」 139
90.負擔對方的學費 140
91.先「心靈剖析」，再「互相依偎」 141
92.兩人的共同興趣只有「性」和「孩子」 142

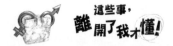

Contents

93. 不重視婚姻關係中的遊戲規則 143
94. 看穿並熟知婚姻關係的遊戲規則，然後用來對付另一半 146
95. 放棄親密關係中「可以」和「不可以」的約束性協議 147
96. 以為光靠愛情就可以跨越所有的文化隔閡 148
97. 奉子成婚 149
98. 認為幸福恩愛是天上掉下來的禮物，而不是自己努力所換來的結果 154
99. 拿本書敘述的任何一個論點，在另一半耳邊爭辯不休 155
結語 156
致謝 157

01 期待好運降臨

我有一位很親近的多年好友，來自布魯赫薩爾（Bruchsal）的凱洛娜，她在開始另一段婚姻之前，為了自我鼓舞而順道向我提起一個故事：

猶太商人摩西，每天晚上都困惑地向上帝禱告：「主啊，你為什麼不讓我中樂透呢？」

連續幾個夜晚，他都沒有得到回音。然後就在之後的某個夜裡，上帝的使者終於出現在他的夢裡，祂這麼說道：「摩西，如果你真想中樂透，那你還得先買個偏財運！」

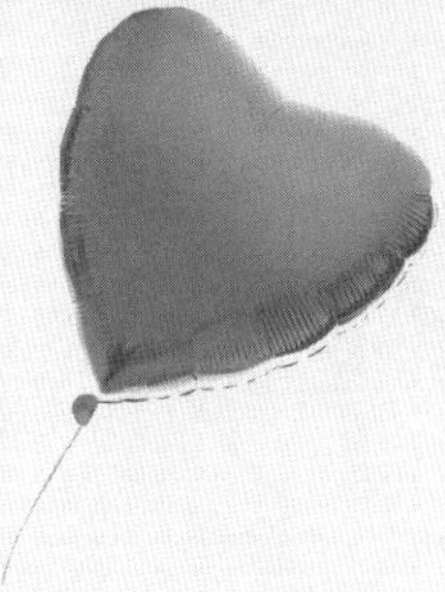

期待好運從天而降的心態就是兩性關係的頭號殺手！

「乾脆單身到底，千萬別冒險」。這個頭號作法，保證大家能一勞永逸。

02

幻想王子和公主從此過著幸福快樂的日子

想當然，王子與公主的結合註定失敗。因為完美就意味著不需學習。

只有將彼此當成「神經病組合」，兩個神經有問題的低能兒展開一段瘋狂冒險的親密關係，同時還必須經歷多年的學習和嚴峻的考驗——這樣或許還有機會從變質的關係中學習兩性關係。

03 相愛，不結婚，卻長期同居

老一輩的人可能聽不下去。但在這個年代，這麼說吧，很多人都自命瀟灑地主張，結婚證書是愛情的絆腳石；而且，我們也覺得上一代就是因為還相信那張結婚證書，才會不幸福。

我自己也是不信結婚證書那一套的人，但偏偏我找的女朋友就不屬於我這個族群，她不加思索地說：「我要結婚證書和戒指。」——那時候的我很容易就被她左右，於是我們結婚了。而現在回想起來，還真感激自己當時這麼容易受影響。

因為到了最後，當我再反觀那些當時和我同類的情侶，他們說服自己：「為了貫徹我們的主張，為了對抗戶政事務所的官僚體制，還有身為中產階級的節約至上主義——讓我們把結婚證書拋到腦後吧！」……而這麼做的結果，卻使得他們的情況變得很糟。因為在這段時間裡，他們無一不面臨嚴重而令人苦惱的兩性關係危機，有的至今仍身陷其中。

他們顯然在下意識裡無法原諒彼此摒棄正式的婚姻儀式。我從幾個個案中得到一個結論——他們對這件事懷恨在心。雖然每一對個案雙方，都曾經信誓旦旦地告訴彼此：「我們要永遠在一起，我們真心相愛，根本用不著那張紙來證明。」

會發明出結婚證書和戒指這樣官僚作風的東西，或許

正是因為我們天生就具有這樣的特質；也就是這種潛意識作祟，才會有公證或是教堂結婚儀式。心理學家現在了解到：凡事無法透過儀式許可的（不論那個形式是多麼的官僚與制式），就無法獲得潛意識、也就是心靈的認可。

04

簽訂婚前協議書，明訂財產分配

兩個人結婚時，其中一方說：「如果離婚，我要拿回我的錢和東西。」

這也就是說，「離婚」已被悄悄地列入結婚計畫之中！

如果婚前就約定好離婚後的財產分配，那不也就意味著離婚將會是這段婚姻最後的一段路嘛！

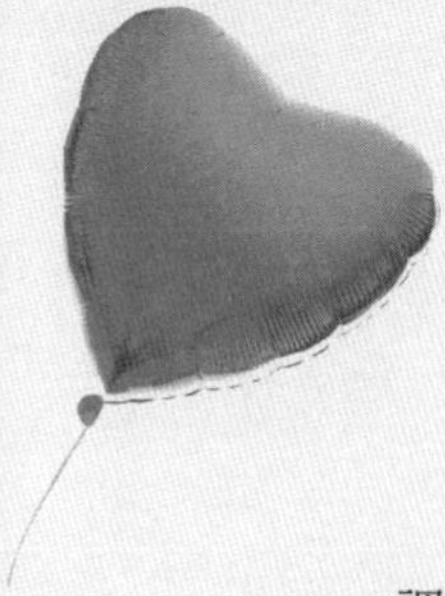

05 想要孩子，所以結婚

我認識的一些人有這樣的想法，也的確這麼做了：「我想要孩子，也覺得該有個孩子，因此只好找個伴。」

但這種想法對兩性關係非常不利！

這種結合遲早會出問題，因為他們的第一順位是親子關係，而不是親密關係。

這兩者之間的順位排序其實應該是自然而然地演變出來，所以當然是先有親密關係，才有親子關係。順序一旦調動，親密關係也會因此失衡。

皇室家族往往是這類悲劇組合的最佳案例，他們為了獨一無二的王冠，必須延續後裔。皇室成員覺得他們有「權」這麼做，接受加冕的人非得這麼做！而就算撇開高高在上的皇室不提，像我們這些平民百姓之間似乎也有人得盡這種「義務」，有時是為了順應有錢的嬸婆、有時是為了滿足高傲家族血統的期待而必須繁衍後代——但無論是什麼情況，這種結合絕大多數都會以災難告終！

每個人都知道，只要稍微瞄一下八卦水果報，就可以看到那些上流社會名流們問題重重的婚姻，或許這樣能讓自己的不完美得到一些安慰。

06 「媽媽的兒子」和「爸爸的女兒」

「媽媽的兒子」不是指那種離不開媽媽的「媽寶」。

「媽媽的兒子」這個術語是由海寧格所提出，指的是那種內心比較親近母親，排拒父親的男性。也因為這樣，他會有意無意地想著：「我絕對不要成為像父親那樣的人，反正，對我媽來說，我還比較好。」

還有一種是「爸爸的女兒」。根據海寧格的看法，這類的女性也有同樣的情結，也就是內心比較排斥自己的母親。她不自覺地會這樣想：「我要跟爸爸站在同一條戰線，而且我相信我會做得比媽媽還要好的。」

像這類「媽媽的兒子」或是「爸爸的女兒」與他人展開一段親密關係時，幾乎百分之百都會是糟糕透頂、澈底失敗的結合——那是因為「媽媽的兒子」和「爸爸的女兒」會把他們小時候一些尚未完成和無法掌握的事情，和他們現在與真實伴侶相處的情形混淆在一起，並採取對抗行動。

像這樣的例子其實是兩個孩子試圖從另一個人的身上找尋他們的「媽媽」或是「爸爸」。也就是說，他們在尋找那個心目中的「理想」伴侶，以致無法好好和一個「正常」的人展開一段親密關係。

而「爸爸的兒子」跟「媽媽的女兒」結婚的話，好像就比較能相安無事，也比較速配。

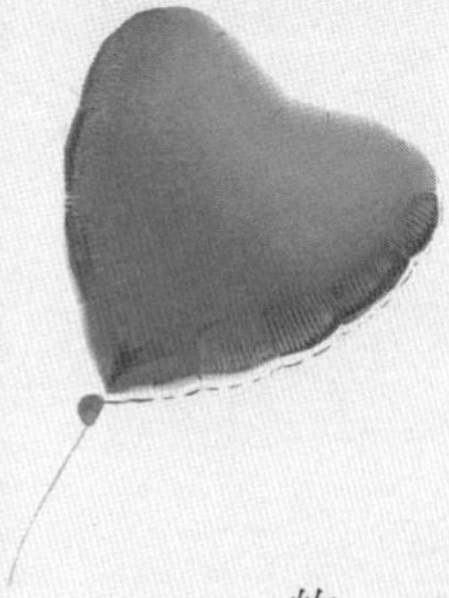

07 尋找一段轟轟烈烈的愛情

那些能滿足於細水長流型愛情的人，他們的兩性關係似乎通常都好過那些老想著要一段「轟轟烈烈愛情」的人。

我的診療室中常常會有這樣的個案（絕少有例外），他們告訴我：「成年以後，我一直很嚮往一段轟轟烈烈的愛情。這是我人生中最重要的課題，而且一定要是一段真正的偉大愛情，可是，事情總是不從人願。」

這樣的想法註定要失敗，因為刻意去尋找一段不可得的偉大愛情時，就會覺得其他的愛情都是可悲而且渺小的。即使這種渺小的愛是真實，或者本身可能就隱藏著真正偉大的愛情時，對這種人來說卻一點意義也沒有。比起所有的療法或甚至找到完全速配的人，他們認為渴望浪漫的心態本身更具魅力。

深層心理學家很輕易地就能拆穿這些渴望「偉大愛情」、有浪漫情結者的真面目：「隱藏在這種渴望底下的，其實是一種無法脫離孩提時期對父親或母親存有幻想的戀父或戀母情結（伊底帕斯情結，Oedipus Complex）」。

所以當女人或男人在找另一半時，要找個不那麼「偉大」，而是跟我一樣渺小的伴，才會比較速配。

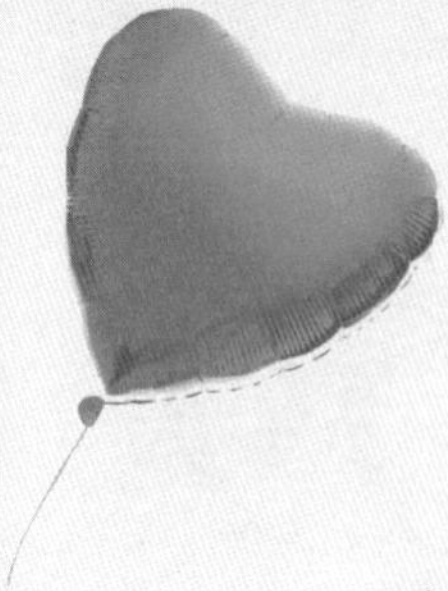

08

只看對方的缺點，而不接受原本的她或他。然後，為了維持彼此的關係，花了一輩子的時間去矯正對方的缺點

一位我們很敬愛又有智慧的老師，也就是刺激療法（Provocative Therapy，運用得當的話，這種療法相當有效）大師費若禮（Frank Farelly），有一次他告訴我們一個非常諷刺的事實：「男人把他們的女人當作物品，而且是性玩物；所以女人就把她們的男人當作計畫——改造計畫——做為報復。」

09 相信愛是萬能的

下一個可能導致兩性關係破裂或是產生威脅的原因，就是如耶魯樹（Hans Jellouschek）所說的「浪漫完美組合」。關於這方面，他出了一本很精彩的書，叫《同在屋簷下的藝術》。書裡所寫的方向與本書相近，都是在提醒人們應該避免哪些危險的親密關係。

羅蜜歐與茱麗葉可以說是這個超級浪漫組合的最佳典範，他們相信彼此的愛無堅不摧，可以不顧雙方父親的政治立場和雙方家族在維諾納（Verona）的衝突。他們認為，純純的愛可以化解所有的衝突。

事實上，愛的確具有強大而驚人的力量，所以心理治療就從不與愛情正面交鋒——洞察力永遠都比愛情脆弱。但從另一個角度來說，如果我們都如同羅蜜歐與茱麗葉，苛求對方付出那樣的愛，那最後一定也會出現同樣令人心碎的結果。

究竟這對迷人的小情侶忽略了什麼？

在這樣的愛背後，其實是源自兒時對自己成長家庭一股強烈的愛與男女情愛之間的激烈衝突。這兩種愛的衝突，一種是孩提時代對父母的愛，另一種是對邂逅的另一半所苛求的成人之愛，如果無法看清，對症下藥，那可想而知一定又是一段不愉快的兩性關係。

像這樣，與自己父母之間以及與另一半之間愛的衝突，或許也只能透過委屈求全來妥協——或者說好聽一點，透過些許粉飾太平的謊言來解決。

10
在開始關係後才慢慢培養危機處理的共識

這樣的共識應該在兩性關係一開始時就必須建立起來。

11

鉅細靡遺地告訴另一半，舊愛或是情敵的喜好

這就不用再多說了。

12

用肉體以外的條件做為親密關係的門檻

這裡要談的是展開親密關係的最初動機，也就是眾所皆知的理智型婚姻：他要有一定的社會地位、金錢或人文素養，又或者有博士頭銜——有博士頭銜，口臭也無所謂；她要是個能幹的女主人，才能為我的企業打點好一切；他／她必須是基督／天主教徒，或至少他／她必須立刻改變信仰……諸如此類。

當其他條件取代肉體吸引力來做為親密關係的門檻，這很有可能導致日後的關係破裂。如果期待在日後相處中慢慢培養婚姻必備的養分——也就是性趣與愛情——那結果

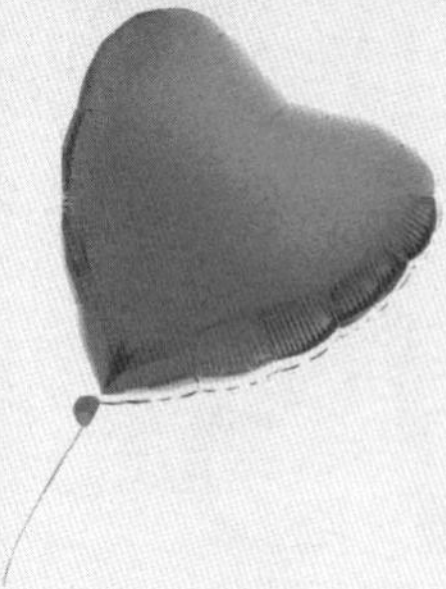

多半還是跳脫不出所謂「理智型」婚姻的痛苦深淵。
這是心理治療師在臨床診療時經常觀察到的案例。

13

「一個一無所有的男人入贅到一個富有的家庭，對他太太和娘家來說，他這一輩子永遠都是個可憐蟲。」

——海寧格 Bert Hellinger

我曾看過一些糟糕透頂的兩性關係。比如說，一個入贅的農夫，剛開始時他將他岳父岳母的農場弄得有聲有色，然後又搞得一蹋糊塗。

德國北部有些大型農場，有時它們像上帝般左右著住在那裡的人，而且世世代代生活其中的人們似乎總是為這些農場付出代價——男人如果入贅，要不就是兩性關係出了問題、要不就是農場經營出了狀況……或者，兩者都有。

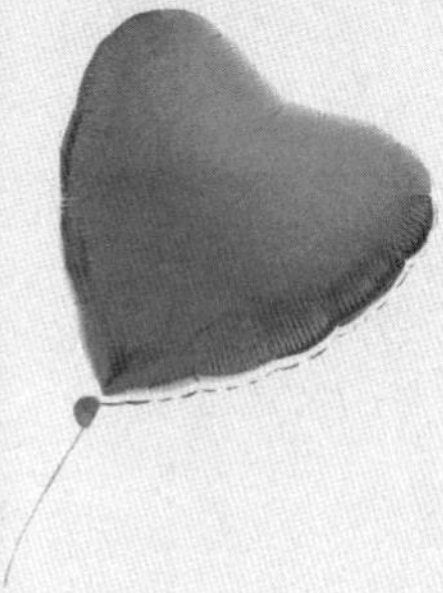

海寧格提到的問題不只存在於農場，還包括家族企業。我和其他治療師們也都從許許多多世代相傳的家族與企業案例中驗證了這句話。

相反的，男方有錢而女方沒錢的狀況下，只有當男方非常非常有錢時，才可能會讓女方感到自卑而發生類似的情況。

14 選那種一看就知道沒有幽默感的伴侶

跟著雷西勒學習心理診療時，我也因此有機會處理到幽默這個課題。不論是在雷西勒的課堂上，或者是在他的工作團隊中，「幽默」都是其心理診療過程中相當基本的元素。

「幽默」無疑是老天爺賜給人類的本能，讓我們能以某種方式跨越那些我們無法忍受的衝突。

雷西勒看診時，每當第一次問候新個案的當事人，常常會稍微來一點隨性的幽默測試；這樣一來，大家就能清楚——特別是當事人本身——在那樣的情況下，當事人還有哪些自我診療的能力。

而對於那些完全沒有幽默感的人，雷西勒常常會這麼問：「你聽過那個『絞刑架幽默』（註）的故事嗎？絞刑這個刑罰通常都是在星期一早上行刑，當一位犯人從監獄中的牢房走出時，璀璨如畫般的太陽正好從絞刑架上緩緩升起。於是這位犯人說道：『這個星期開始得正好！』」

至於我，則很少碰到一點幽默感都沒有的個案，最多就是遇到那種長期封鎖自己幽默感的人。因此，在我與當事人的交流進行得良好順暢時，他們就能找回自己與生俱來的幽默感；而且他們更能從中體認到，長期封閉幽默感，正是因為他們在成長過程中還有尚未完成、必須學習的部分。

所以，如果親密的兩性關係在一開始就放棄了幽默的存在，那麼其結果將會連一丁點獲得幸福的機會也沒有。對此我深信不已，因為這也是從大量臨床診療累積而來的經驗。

註：「絞刑架幽默」指的是一種黑色幽默的方式。說笑話的人以自身的困境引為自娛娛人的笑點，例如面臨死刑、被開除、生病……等。這裡之所以引用這類的絞刑架幽默，或許是代表著治療師想告訴個案當事人：即便面臨著生命中最黑暗的一刻，都仍舊應該像笑話中的人一樣保持樂觀幽默的心態來度過難關。

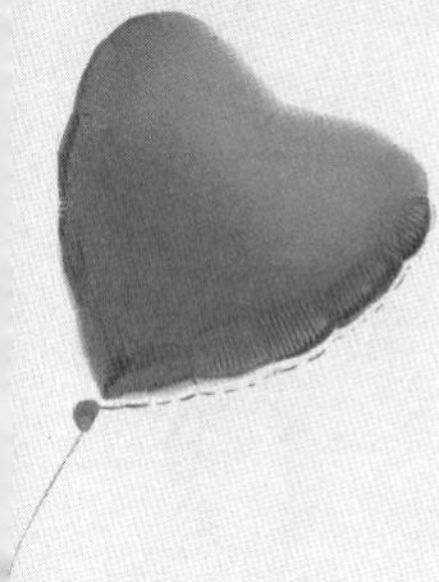

15

劈腿

這麼說應該夠清楚了。

16

墮胎

這是個絕對值得一提的嚴肅論點：不管是因緊急狀況、或出於理性的考量、又或是經過雙方同意都希望拿掉孩子——墮胎本身極可能危害兩性關係，而且常常是終結者。

這個原因雖然一直都只是個假設，但它絕對和分手有某種程度的關連。當然，我不能否認也有例外的存在，但所謂的例外，極為少見；以大部分的例子而言，通常兩性關係都會因墮胎而提早……或是在最終畫上句號。即使之後這對父母再有小孩，並養育成人，但這對夫妻的關係遲

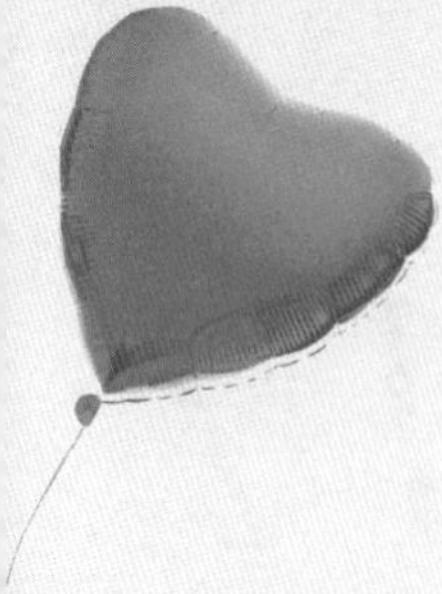

早也會出現問題——原因可能就是這對夫妻始終無法忘懷失去的孩子。

這是個心理臨床觀察的結果，與道德、法律或宗教無關，我既不打算宣揚梵諦岡反墮胎的宗教意旨，也不是基於法律規定而如此倡導，這只是包括海寧格和其他心理治療師——例如我——總是會一再看到的情況。

17

不尊重另一半的Ex-……

就算另一半與之前的對象已經沒有任何「瓜葛」，全心全意地和現在的你在一起；但如果你隨意輕視他的前一任（Ex-girlfriend / Ex-boyfriend ……），小心你也會傷到他的心！

因為就算他們最後分手，甚至交惡，但這個「舊愛」畢竟在他的過去、他的心中仍占有一些位置。所以要是現在的對象不尊重這位「舊愛」，可能會危及你們現在的良好關係。

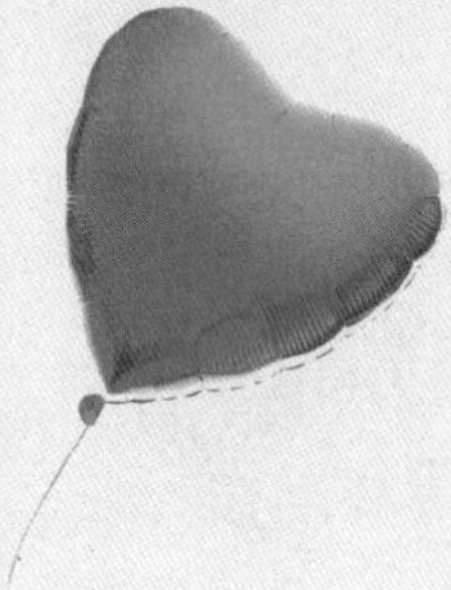

18

婚前婚後兩個樣

不用解釋了。

19

試圖當一個好繼父

曾遇過一個個案：

新任繼父有個超級愛作對的繼子，只要這個新爸爸挑戰到自己爸爸的地位，這孩子每天都會用言語讓他知道——他是新來的，是後來才進入這個家庭的，所以在家裡的地位應該在這孩子之後。最後，由於繼父的步步退讓，終於導致這位新爸爸與孩子處於對立的情況。

對孩子的母親來說，一個是才剛開始的熱戀，一個則是與生俱來的關係，往往難以抉擇，這是她必須面對的考驗。而這時候如果這個新老公跟她的孩子爭寵，通常就會

被她看做是不成熟的小孩，因此失去身為另一半應該被平等對待的地位。

反過來說，如果試圖想當個好繼母，也有會有同樣的問題。

其實身為繼父或繼母的，並不需要刻意地說太多、做太多，意圖討好孩子；只要能夠替離異分居的雙親，給予孩子寬慰的協助，就夠了。

20 老公在婆媳戰爭之間保持「中立」，導致親密關係破裂的「婆婆變奏曲」

曾遇過一個個案：

湯姆和瑪麗結婚了，婚禮結束後湯姆跟瑪麗說：「從現在開始，我媽會跟我們一起住，拜託你們好好相處。不過，要是一旦開戰，那我當然是保持中立。婆媳問題還是讓女人自己去解決最好。」

湯姆在婆媳間保持中立，那還真會傷透瑪麗的心……。畢竟，對瑪麗而言，她會期望在湯姆的心中能排上第一順位——即使湯姆很愛他媽媽，或者他媽媽是個很需要人陪伴的寡婦。

但如果湯姆真的把瑪麗排在第一順位呢？

那鐵定也會出問題！因為如此一來，湯姆的媽媽理所當然地就會向媳婦來個「主權」宣示。如果瑪麗也不甘示弱地回應，就像新約聖經上說的那樣：「他們離開爸爸媽媽，擁有自己的靈肉。」來替湯姆向婆婆宣示自己的「主權」，這時情況可能會更糟。

其實，要防止這種情形發生，湯姆只要在兩人獨處時，讓瑪麗清楚知道，他所採取的並非中立態度，而是一直站在瑪麗這邊。如此一來，就能同時顧及媳婦和婆婆的感受了。

不過婆媳問題中，當然還有一個很重要的環節——當有老人家在場時，湯姆和瑪麗絕對不能刻意在他們面前卿卿我我！

21 不懂得對公婆表達感激之情

公公婆婆前來拜訪，結束後，穿好大衣、站在玄關、正準備離開，這個時候，如果妳不經意地說一聲：「謝謝你們，你們把老公養得真棒。」越是不經意，效果越佳。

為什麼要這麼做呢？因為就某種程度而言，公婆「失去」了他們的兒子（妳的老公），而且會覺得自己現在對兒子已經不那麼重要了。要是妳這做媳婦的對於這點無法懷有感激之情，長期下來，一定會造成夫妻關係有一定程度的緊張。

而這種情況，通常在婆婆是寡婦、或者先生是獨子的

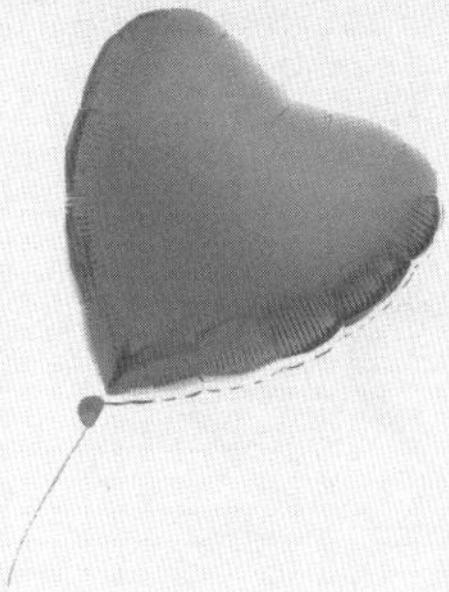

狀態下會更為嚴重，因為跟其他狀態比起來，妳從他們身邊奪走的更多。若對此仍舊沒有心存感激，對公婆沒有適當的表示感謝，那麼妳的老公一定會陷入妳和他父母之間的衝突。所以，要是妳能向公婆表達感謝之情，就能替妳的他避免這個問題。

22

四處宣揚兩人的親密行為

那表示這個人其實也跟知道秘密的人有「特殊關係」。

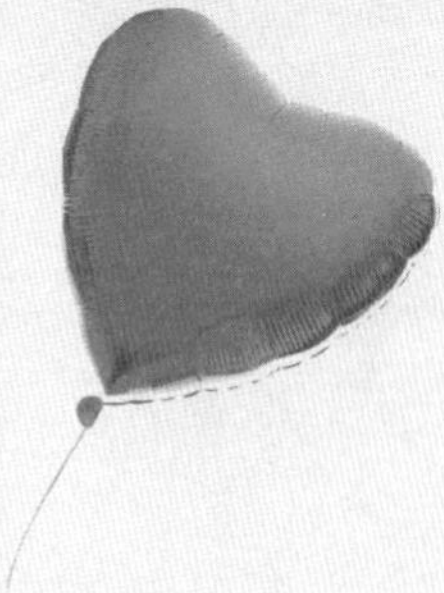

23

「施捨」對方單向的性愛，把自己變成另一半的洩慾工具

惹出這種單向性需求罪惡感的，通常都是女人。

好像只有男人單方面需要性，因而顯得依賴；而女人好像是施捨，好像她是規模龐大、貨源充足的供應商，可以不斷給予。於是女人似乎越來越強大，而男人則越顯渺小和貧乏。

這種不平衡的互動關係，也是兩性關係的一個超級地雷，最終不是關係破裂，就是進入墳墓。

24

面對嬰兒死亡、死胎或是流產，卻讓對方獨自哀悼

這個苦澀的決裂肇因，往往是因為男人故作堅強而導致的結果。

在男性的思維中，這類事情是女人的事，在男人的世界裡沒有那麼多時間去悼念逝去的孩子，他很「甘願」地將哀悼的工作交付給她。

這種態度會對兩性關係造成長期性的傷害。

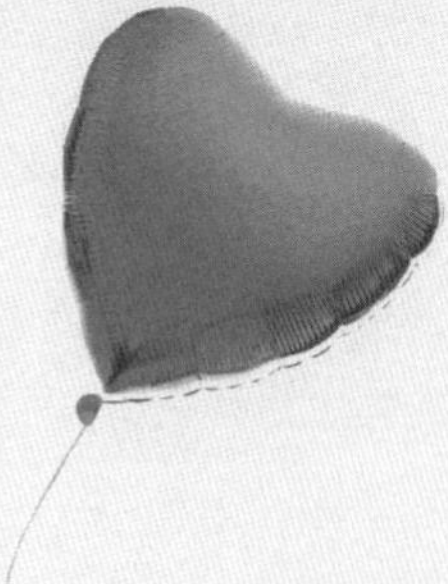

25 腦中藏有自殺的念頭

這是一個比較特殊的原因：「有些人似乎有自殺慾」。

在我跟隨雷西勒學習的期間，我碰到各式各樣的「癮癖」個案。

「癮癖」的種類數以萬千，比如酒癮、煙癮、偷竊癖……等，而成千上萬的癮癖中確實有一種慣性的隱性「自殺慾」。

跟所有癮癖一樣，這種「自殺慾」也是一種命，纏繞不去的意念會讓人什麼事都做不了。

當然，他應該對自己所造成的一切負全責；但不可否認的是，這種念頭會嚴重阻礙兩性關係——因為這樣的對象一定無法為對方付出些什麼。

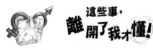

26

不尊重對方的出身背景

一個出身於豪門的小孩和一個生長於鄉下農村的小孩結婚，如果身世背景好的一方始終無法尊重他的對象以及他的成長背景，這一定會在一開始就為兩性關係埋下不安的因子。

即便一開始兩人非常相愛，互相吸引；但若是缺乏對對方和其出身的尊重，長期下來，一定會不斷發生相互傷害的悲劇——即便雙方都不願看到這樣的結果。

27

「我不能沒有你，你要是離開，我就死給你看。」

不管以死要脅的結果如何，面對這種情形，對方最終都將轉身離去。

沒有對方就不行，這樣的人誰都不想為他的生命負責。

這與一般自然、正常的需要感不同。每個人都有需要，每個人都需要與人接觸，都需要另一個人，但絕對不是這種單向的強求方式。

當然，如果遇到類似這種糟糕的緊張關係而需要分手時，請試著尋求心理諮商管道的協助。

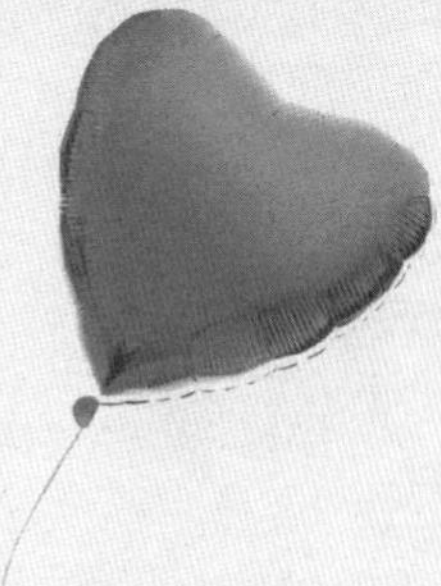

28

忽視親密關係的「有機性」，沒有每天為它灌溉養分

這是男人比較常犯的毛病，他們會說：「現在我們都結婚了，當時在婚禮上，我也說過要和你共渡下半輩子。而現在我們也有孩子，一切都上了軌道，不過我現在每個禮拜有四天要運動，至少有三天要跟朋友喝點小酒，不要忘了，還有我的體育頻道……」

29

有酒癮、厭食症、藥物成癮、偏頭痛和沮喪……等症狀

若是日常生活中對藥物、菸、酒等依賴成性，那麼另一半一定會覺得，自己幾乎是在打一場毫無勝算的仗，因為那是一個打不垮的勁敵。

還有，偏頭痛與沮喪等症狀，和癮癖也有一些雷同之處，它們一樣是共同生活中的恐怖份子。從心理治療師們的臨床經驗中，有大量的個案可以作為佐證。

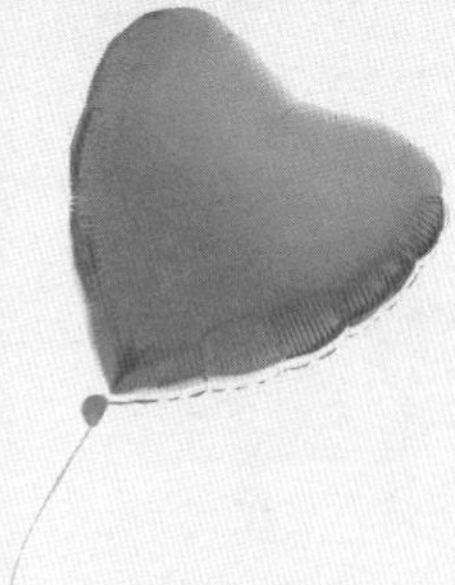

30 執意「改造」對方，直到他終於比較像我要的人

如果你打算分手，那這可以說是一個必殺絕技，因為它的效果奇佳！

不過「改造」其實是雙向的——所以堅持不接受對方的「改造」，其實也是摧毀兩性關係的超級地雷。

不過大部分的人往往都會辯解道：「我並沒試圖去『改造』我的另一半！」

但事實上，每個人或多或少都會希望對方能盡可能「配合」自己，只要你注意觀察就能發現，其實改造別人的行為都蠻明顯的；只不過，我們也很難去控制自己不這麼做。

31

緊迫盯人或放牛吃草

這兩種情況遲早都會毀掉你們的親密關係。

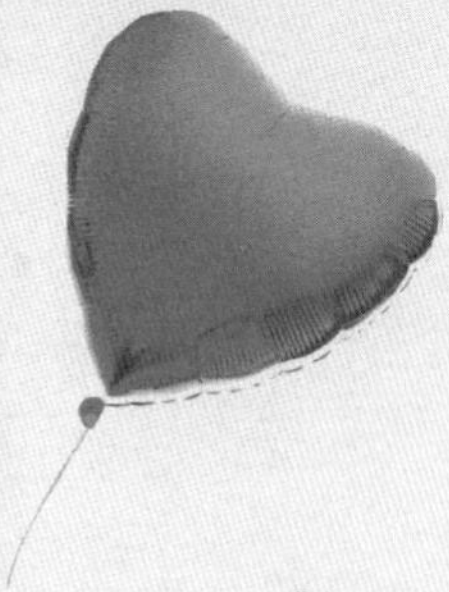

32

一連串的嚴格考驗，測試對方的耐性或忠誠度

「你還受得了我嗎？」

「就算我讓你吃盡苦頭？」

《唐吉訶德》的作者賽萬提斯曾寫了一個相當貼切的故事：

有一對夫妻，他們非常恩愛。

一天，老公突發奇想，想要測試看看自己的老婆有多麼忠貞？

於是，他瞞著老婆與他最好的朋友私下串通，要朋友對她的老婆展開追求攻勢。

最後，雖然他如願地看到想看的結果——她確實從頭到尾都很忠貞——但是這位老公卻在這場鬧劇中因出乎意料的醋勁而發瘋。

這根本就是咎由自取！

33 就是不說「我愛妳」

我的朋友彼得（Peter Jessen）曾做過一個很有趣的實驗。

多年前，當他還是學生時，曾在跳蚤市場上立了個牌子，上面寫道：只要五十元，我會在你耳邊輕語呢喃一些妳老公很久沒跟你說過的話。如果你老公最近曾說過，保證退錢。

彼得說，他那天生意非常好。而這句價值五十元的話就只是「我愛你」三個字。（彼得之後擔任巴德—黑恩那伯醫院的顧問醫生及索嫩貝爾格（Sonnenberg）醫院的主任醫師。）

這種情況有點像是一種「文化」，特別是在男人之間。他們覺得每天都要說一次「我愛你」很俗氣、很不好意思，甚至有人對此很「感冒」，容易對承諾退縮。

他們的名言：「為什麼非得要我說呢？我不是已經說過了，在婚禮上啊！男子漢大丈夫，一言九鼎。講了又講，聽起來就很假！」

這些男人的太太通常都深信：男人說的話只有一天的保存期限。昨天才說過的話，今天就完全忘記。所以，太太們每天都要重新聽一次。

這真是一種慢性謀殺啊！

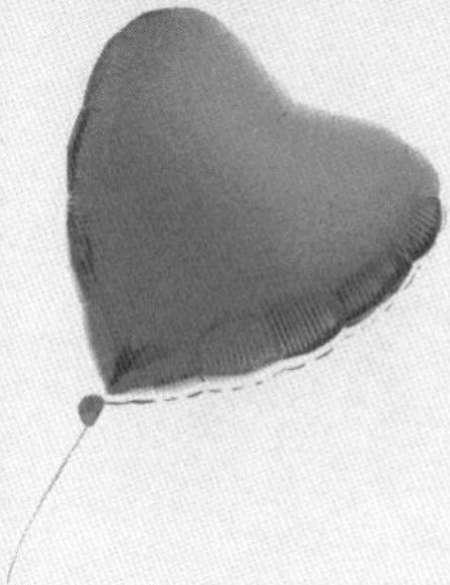

34

逼迫另一半要立刻變得浪漫溫柔，還要馬上有所表現

如果你跟另一半說：「不管啦！我現在就要浪漫。」然後逼迫對方執行。恭喜你，你離分手越來越近了！

35 沒有替自己和對方做好任何心理準備

這是一段我自己的故事：

結婚五六年來，我一直過得很幸福。某個美好的星期天早上，我心愛又美麗的太太突然在吃早餐時跟我說：「親愛的，你知道嗎，我做了一個好棒的夢！我夢到你瞞著我跟一個長相甜美的實習生亂搞！所以我一把抓住我們的孩子，就在當天離開了你。夢裡我感覺到一股詭異的快感，就在這種暢快的感覺中醒過來。」

當時，在美好星期天的早餐桌前，我就這麼坐著，然後思考起來：「現在是什麼狀況，她跟我說這些做什

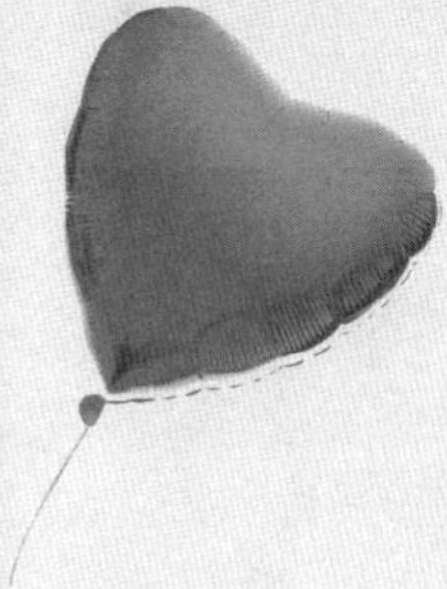

麼？」

我找不到任何理由，可以解釋她為何會告訴我這些事。過了一會兒我才想到：她是在先預演這類恐怖事件！在我真的把念頭動到這類事情之前，她已經先為我們做好了心理準備。這對兩性關係有絕對的正面幫助。

而這個夢也讓我了解到（當然這只是我單方面的解釋），她是怎麼看我、我對她有多重要，所以才讓她在我甚至還沒動過這個蠢念頭之前就先想到「如果發生了我該怎麼辦」。

36

誤以為愛情也隨著時代一樣變得自由開放

我們的靈魂裡充滿了嬉皮的特質，崇尚自由與開放。

「跟同一個人睡兩次就等於有關係的想法，就是保守。」

隨著性解放的口號四處高喊，我們這個年代，各式各樣的性關係都能很快的被人們所接受，而從中也逐漸衍生出某種「愛是自由」的觀念。

但即便如此，大家都依然保有這樣的想法：「就算是想法開放的情侶，也必須要先得到對方的承諾與認同。」

所以，如果哪個傻老公敢跟老婆這麼說：「我們是很

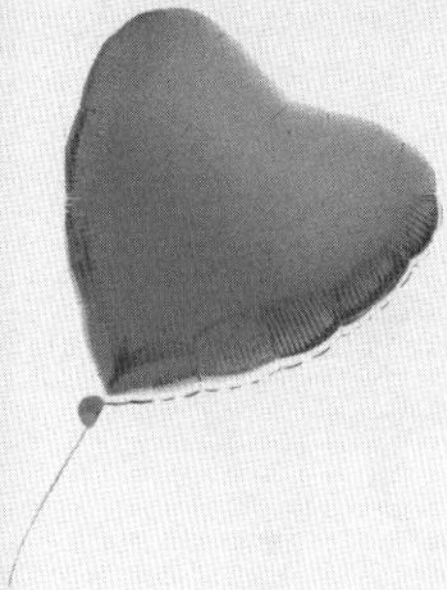

開放的，像夫妻關係這種可笑的事，誰理它！」——那接下來絕對有好戲可看啦。

37

守著有怪癖、酒癮、玩世不恭、不忠貞或是有暴力傾向的另一半，不求關係的美滿，只求聖潔忠貞；又或者，一開始就離開這樣的伴侶，連一點機會都不給他

第一種案例中，沒有人會想跟上面所提到的這群人約會，至少絕不會考慮跟有怪癖或是暴力傾向的對象在一起。但有些信仰「忠貞」的伴侶——他們即使在對方有問題的狀況下，還是堅持不離不棄、維持關係，最後，他們除了聖潔的光環外，什麼好處也得不到，最終也只會產生破滅。

可想而知，這種毀滅性「忠貞」的奇特行為背後，隱

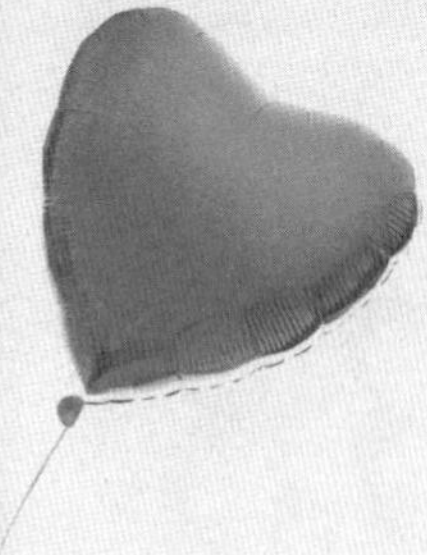

藏著一種源自於家族過去的隱性力量，因而就這麼一代一代傳了下來。在海寧格、我或是雪弗（Anne Wilson Schaef）的著作中可看到更多這方面的資料。

而第二種相反的案例也並不少見。很多人找尋伴侶時，潛意識通常都會有這樣的預設心理：「要是兩人之間有什麼不對，就要立刻離開對方」。

這種案例大多是基於一種報復的心態，他們真正想報復的對象並不是眼前無辜的當事人，而是隱藏著的關係人，有些人仇視的對象甚至是自己！我們心理醫療人員稱這種報復行動為多世代隱性系統心結作祟。

38

在找到心目中的白雪公主或白馬王子之前，先找個人湊合著，然後暗地裡繼續尋找理想對象

有人說：「訂婚就是騎驢找馬。」或是：「先試試。總之先訂了婚，之後再看看是否真的無法再找到更速配的人。」

這其實是愛情的頭號殺手，只不過是在過渡期間尋找分散注意力的方法。

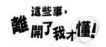

39 保護或憐憫另一半

保護與憐憫，在兩性關係中，其實是一種偽裝的「蔑視」。

這種名為呵護，實為「輕蔑」的假象，其實是一種非常嚴重的病症。我們可以從以下這個案例中窺見一二：

一個非常富有的男人和一個貧窮的女人結婚後，他們一直沒有孩子，而且多年下來，這個女人一直無法適應他那種奢華的生活方式。於是她開始酗酒，而這個男人將她送到我們醫院接受治療。

幾個星期後，當她正在克服酒精中毒的問題時，他突然要求要在醫師陪同下與當事人進行對談，並且出其不意地遞給當事人一份已填妥的離婚協議書。他一邊不斷地表達自己的遺憾，一邊附上一筆豐厚的贍養費。

然後他說：自己終於鬆了一口氣，好險他懂得在她處於最糟糕的情況時，能將她交給令人信賴的醫護人員。

這個男人非常滿意於自己為她所做的一切，這些安排是多麼有遠見、多麼審慎，適宜地為酗酒的她做好了接下來幾年的安排；但他卻不知道，就是因為這種有遠見又審慎的態度，讓當事人的她受到了嚴重的打擊。這種羞辱之嚴重，甚至讓她在一開始都不願對自己的心理醫師提起此事。

幾天後，她得到了出院許可，但她的醫生仍是擔心當事人之後可能會做傻事。但幾年後，醫生收到當事人一封

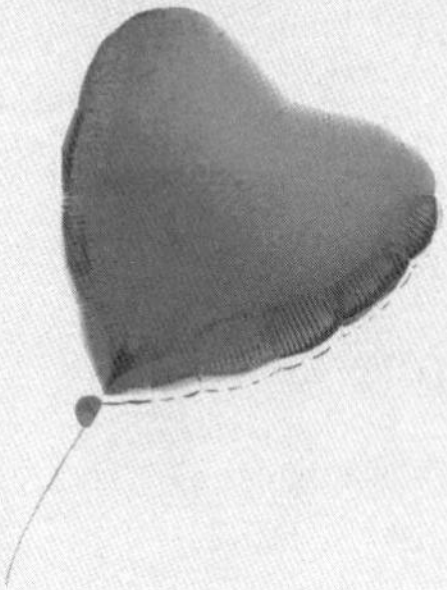

簡短的信，信裡附上她現任老公和兩個孩子的家庭照，醫生才大大鬆了一口氣。她寫道：她沒接受她第一任老公的贍養費，而且幸運的是，她當時在醫院裡認識了另一位酗酒病患。

一切似乎平安落幕了，但其實像這個案例中的男主角，他那種傷人的輕蔑態度或許會使情況演變得更糟也不一定。

40

用斥責等負面的方式表達心裡對愛的期望

這種問題相信大家都很清楚，所以，不需要多做解釋。

真正困難的點，或許是在於「知道但做不到」。萬事起頭難，其實只要每天一點點的進步，漸漸學會用柔性的、誇讚的方式去誘導對方，相信對兩性關係一定能有正面的幫助。

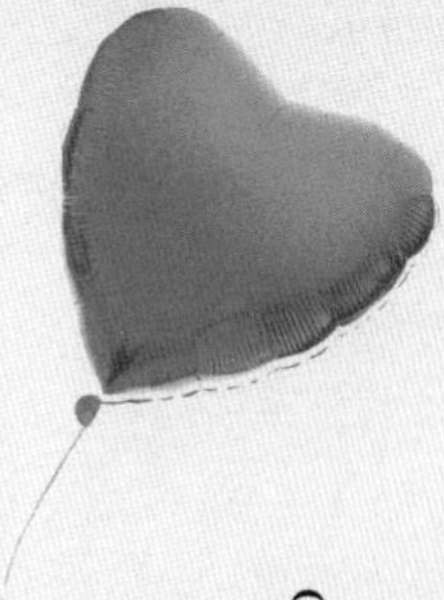

41 不相信全天下的男人都是豬頭

診療時，當我的女性個案「終於」了解到這個殘酷的事實時，她們才像大夢初醒，也如釋重負地盯著我看。

而這個看法，當然要多虧我老婆的指教。

現代人關於大腦的研究中明確指出，雖然數據顯示男人的腦部比女人更大也更重，但結構卻明顯粗糙。

比起女人精細小巧而複雜的腦，男人的腦神經網絡結構簡單許多。

所以，男人的腦的確只容得下體育頻道、啤酒和O#&X%@的東西……

不過，妳自己知道就好。

如果硬是要讓男人自己也意識到這個殘酷的事實，可能還會再加深彼此關係破裂的可能性！

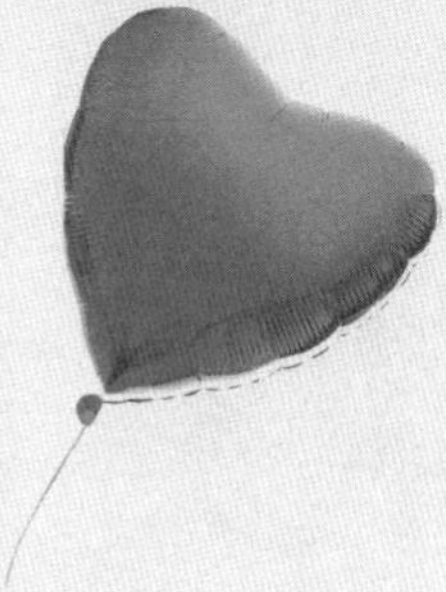

42 相信可以跟女人理性的對話

當然，男人是豬頭，女人也不見得比較好。

或者應該這麼說：「想跟女人確實地展開理智性的對話？」嗯……如果把這句話當成玩笑，或許還比較有可能成功。

43

輕率地浪漫，為路邊的野花而瘋狂

有些人錯誤的以為，他們有不斷更換新戀情的自由，而不需要為此付出代價！

他們認為，人有浪漫的權利或是詩人般的義務，一旦狂熱地愛上另一個人，就可以與原來的伴侶閃電分手。好像義無反顧的戀愛非得要拋下所有的權利與約束。

一堆神話、小說和電影都崇尚著這樣的意識：

宙斯與西蜜麗（Zeus and Semele，出於希臘神話）；

桂妮薇兒與蘭斯洛特（Guinevere and Lancelot，出於亞瑟王傳奇）；

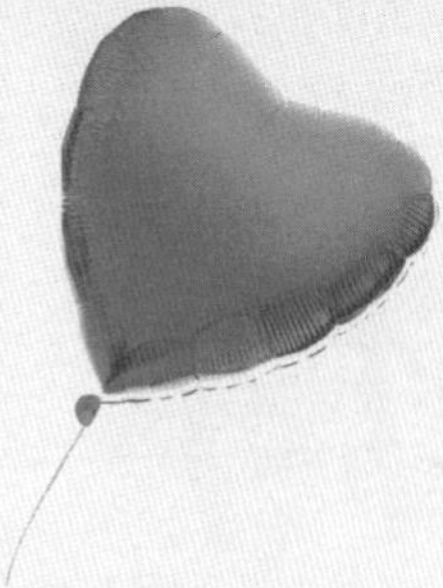

《北非諜影》（Casablanca）；

《刺鳥》（Thorn Birds）；

《遠離非洲》（Out of Africa）……。

然而……

44

個人事業重於親密關係

曾有一位個案當事人跟我說：「我現在四十五歲了，事業有成，但不知怎麼地卻忘了人生中還有更重要的部分。」這樣的想法有時會讓我覺得很悲哀。

這種情況的背後，無疑地隱藏了一些原因，這也是許多作家描寫家庭悲劇時偏愛採用的題材：「一個潛意識的強烈計畫；一幅所謂的生活藍圖」，也因此，他們會為了這些未完成的「使命」而花費了幾年的功夫，甚至放棄了個人的願望。

於是，親密關係也將出現裂痕。

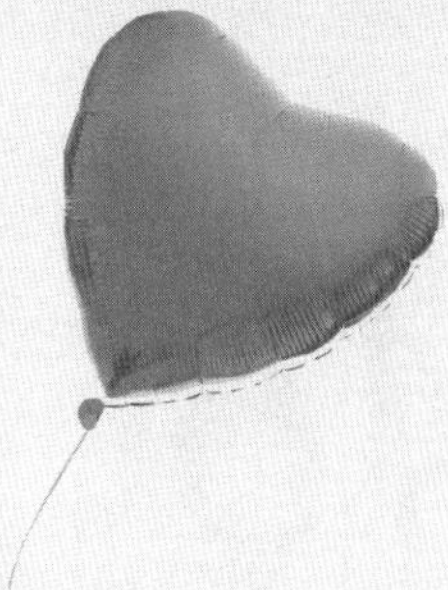

45 親子關係重於夫妻關係

有些夫妻常常會出現這樣的問題：在餐桌上得先討論孩子的事情，然後才輪到關於夫妻之間的話題。

長此以往，保證絕對會摧毀你們的親密關係。

46

讓另一半懷有深深的罪惡感

讓我先拿一個完全不同情境、小而無害的例子來說明：

記得之前去希臘旅遊時，我隨意地走進一家店。那時我還不確定到底要買什麼東西，但老闆就先以迷人的姿態拿出店裡的一個小東西送給我。我猜如果身邊有小孩，他或許還會給小孩糖果或是便宜的塑膠小玩具呢——而這樣一來，客人就會不好意思空手走出店門啦。

上面的小故事跟這裡所要說的「愛情地雷」有相似的邏輯，當一方一直為另一半不斷付出卻不求回報，或者為對方擋掉一些事情而不要求對等的付出時，久而久之，對方會產生罪惡感。如此一來，彼此的關係雖然還可能維持一段時間，但最後另一方一定會因情緒爆發而導致分手。

最常見的例子，就是兩人中有一人患有癮癖的問題，那是這種兩性關係互動的典型模式。

47

對於原先的約定，不願討論，或成天想著要討論

第一種情況是：「嗯！好吧，情況改變了，我能了解，你現在想要改變我們之間的互動方式；可是我們既然約定了，就不該違背。」於是對方只能選擇離開一途。

第二種情況也是，每天討論著一成不變的話題，給予對方過大的壓力，那麼最終也只能走向分手。

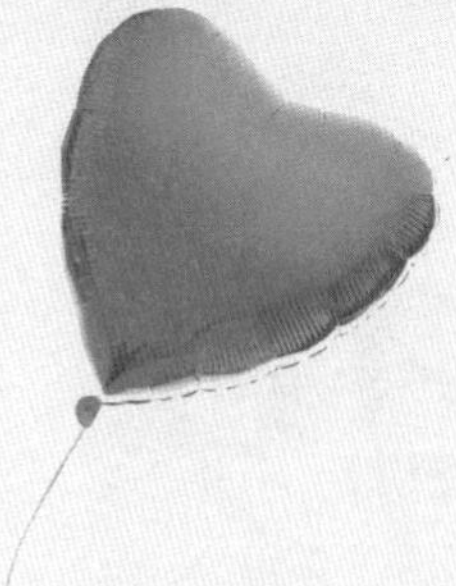

48 主張大男人可以改變

從許多分手的個案看來，「大男人症」，毫無疑問是無可救藥的！

不要妄想去改變它，你只能接受，不然就是離開。

而為了平衡一下，我似乎也該為男人澄清一下。「其實我不懂妳的心」，男人為此實在吃了不少苦頭。男人雖然常常盯著女人看，但那幾乎與思考無關。你如果要說這是罪有應得，其實也蠻諷刺的。

49

決定展開一段親密關係，卻不肯搬出和朋友一起合租的公寓

這會導致同儕、朋友，與男／女朋友之間的相互較勁。

大家會質疑你是重色輕友，還是重友輕色。

所以，如果找到對象，就要立刻搬出合租的公寓，否則畫面可能會很血腥。

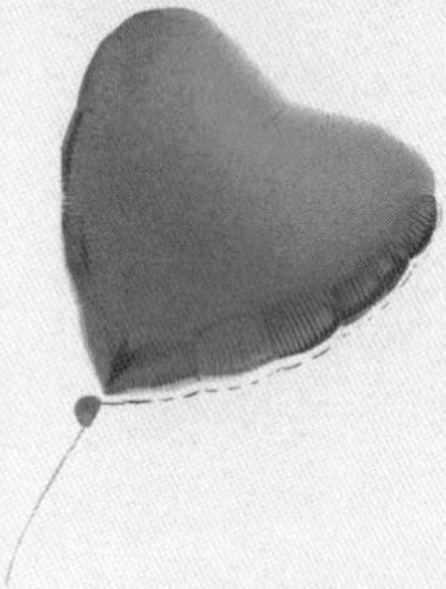

50 忽視性愛的影響力

我們真的要好好學習，又或者該仔細看看，別人是如何因貶低性愛而付出慘痛的代價。我所說的可不只侷限於對性觀念的壓抑，同時也包含了對性觀念的解放與對性經驗的過度「重視」。

太過壓抑的性觀念，不待言，必定會對兩性關係造成傷害。

但如果你堅持著性愛原始的面貌，信奉著「跟同一個人睡兩次就等於有關係的想法，就是保守」這句天真話語，進而做出很多傷害自己和愛情的事情，那麼你就必須為此付出慘痛代價！

情色確實是無傷大雅的；有性愛革命，就不會再有性犯罪……是啊，理論上是如此。但是，實際上呢？

早在人類被創造出來之前，大自然就已經設計好性愛這檔事了。

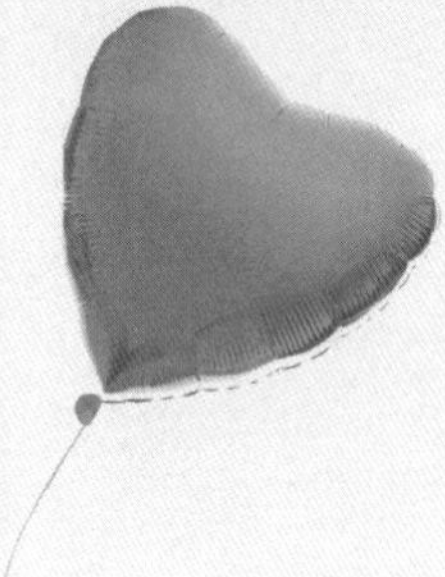

51 漠視親暱接觸

「親暱接觸」是指人與人之間不包含性愛的溫柔感觸、肌膚碰觸以及親近接觸。

好比媽媽與小孩之間的親親抱抱、或是兩個朋友之間的擁抱，這些都與性愛接觸無關，我們稱之為親暱接觸。

人類屬於肉食動物，同時也是喜歡摟摟抱抱的動物。經卡席爾（Dan Casiel）和雷西勒證實，性愛接觸與親暱接觸之間是有差異的。

這可說是個相當重要的發現！

很多人誤以為性愛就是親暱接觸，因此忽視了兩性關係之間親暱接觸的互動；但是，每個人確實都有親暱接觸的強烈需求，需要相互親近、擁抱、依偎。

少了這些調劑，那麼兩性關係最後必定又會面臨破裂的命運。

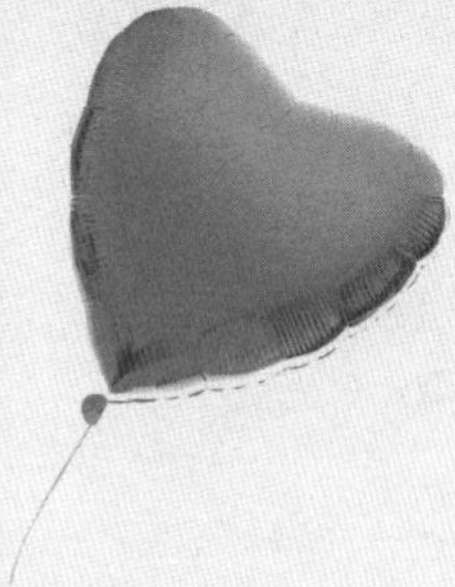

52 輕忽生育問題

生育幾乎是所有人類的需求——將自己所獲得的生命，再傳遞給自己的孩子。

有些人會說服另一半放棄這種生命傳承的渴望，例如在某些個案中，其中一方會告訴另一半：他在前一段婚姻中生的小孩已經夠多了，所以，現在暫時不想再生孩子。

在熱戀的當下，雙方或許能就這個問題取得共識；但即使發生得晚，最終它還是會帶來嚴厲的考驗。

53

企圖征服對方、控制對方、掌握對方

也就是說，讓對方永遠只能說好，不想從對方嘴裡聽到一個「不」字，或者根本不給對方自由或時間去考慮他究竟「要不要」。在強烈的壓迫下，如果對方「太慢」拒絕，就容易產生羞愧。

「征服對方遲早自食惡果。」——海寧格

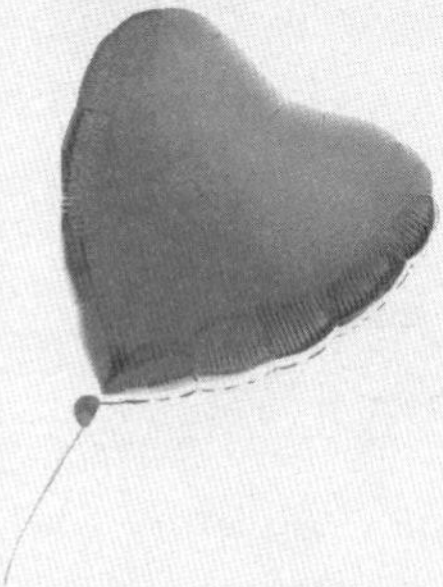

54 內心並未真正接受另一半

常見的案例是：

我跟他結婚，或許還生了孩子，跟他一起生活，但是內心深處並未真正將他視為我的另一半。事實上我也不曾親口說：「從現在開始，你是我的老公，我是你的老婆。」或者：「從現在開始，妳是我的老婆，我是妳的老公。」

如果迴避內心的「接納儀式」，雖然表面上的一切好像都很正常，也盡了該盡的義務，但這一定也會造成夫妻關係的破裂。

55

不斷緬懷失去的另一半

即便現任的伴侶不嫉妒，但這樣或許也會讓自己無法繼續享受下一段兩性關係之間的幸福恩愛。

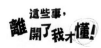

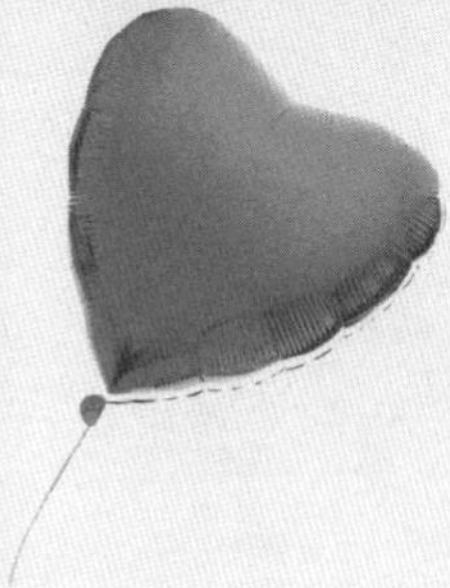

56 深信愛情中沒有年齡問題

一方吃的鹽比另一方吃的米還多，你要認清，這的確是個問題！

或者有人會說：「我們的愛所向無敵。」但這句話一旦遭到否定（你要相信時間更是無敵），那麼兩人的關係通常就會出問題。

57

每個禮拜買一本心理分析的書，然後在每天睡前與另一半分享

嗯，或許你的另一半喜歡這類的書籍吧，誰知道呢？

但以一般的情況來說，你如果奢望用這種方式改變你們的親密關係，最終的結果往往只是讓關係變得更嚴重！

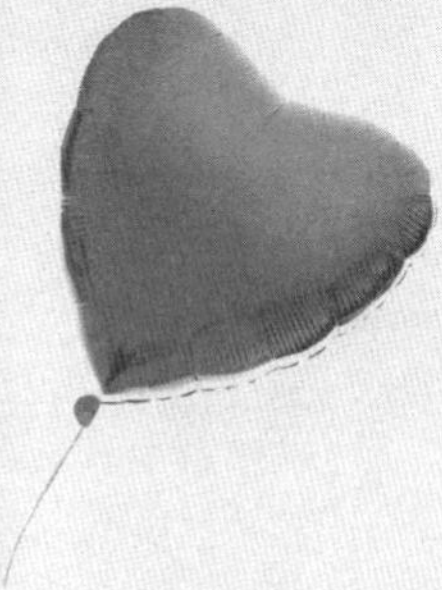

58 無法好好共渡剩餘的時光

不論是多麼美好的關係，總是有可能要面臨到分離的時刻，例如死亡、或是因為出差而長時間分離。

如果在這個當下，因為不捨、難過等情緒而無法好好共渡最後的時光，那麼這不但會造成彼此關係的緊張，甚至有可能會導致「分離」的提前到來。

59

當兩人漸行漸遠時，未與對方溝通就胡亂道歉

這樣只會讓對方更加生氣。因為……

第一，這會讓他受到更大的傷害；

第二，他或許會知道了不想知道的事情；

第三，他也許還得承認這些懺悔的內容；

第四，他可能還得為此道歉。

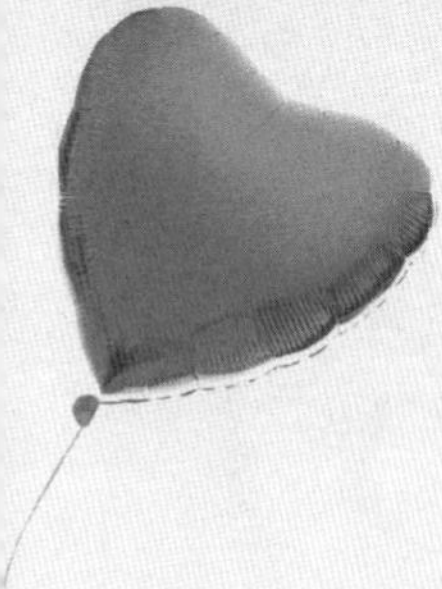

60 想以「坦然」的方式，迎接快樂結局

當關係走到盡頭時，如果有一方想「好聚好散」，選擇向對方「開誠布公」……那麼兩人的關係往往就會「澈底結束」！

這種想「諒解」對方的方式，通常都只會換來反效果。

61

要求對方為他的過錯付出「同等」的代價

親密關係中，難免會有人犯錯。

犯錯的一方如果為他的作為感到抱歉，那麼另一方在要求「贖罪」的過程中，其程度就必須拿捏好，否則反而可能會因此埋下分手的肇因。

海寧格認為，贖罪的程度必須比其先前所犯的錯誤再少一些，這樣兩人才能再繼續下去。

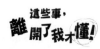

62

高舉著「女性比較先進」的大旗

女性進化得較為先進？

事實上或許的確是如此。有人說，歷經三千年的父權體制，女人被迫進化成較為先進的人類。但如果你動不動就把「男人都是豬頭」拿出來說嘴，那麼「豬頭」們可能也不會與你善罷！

所以，這點在兩性關係上一點意義也沒有。

63

絕對誠實，完全不保留一點秘密

這是摧毀親密關係的絕對殺手！

這個觀點牽涉到的，是很廣泛的精神層面，它關係到對另一半的尊重，也牽涉到對自己、對雙方的父母、也許甚至還包括許多各式各樣的相關人、事、物的認知與尊重。

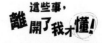

64 喜歡「放大檢視」

有些人常常抱持著「顯微鏡精神」，總是喜歡「放大檢視」對方的每個感受和情緒表現，這樣兩人之間就能更加親近，更能毫無保留。

這種「遊戲」是晚上除了看電視外，另一個不錯的消遣，它可以輕鬆的消耗掉數小時的時間；當然，這也是一個相當有趣，而且非常具有殺傷力的愛情殺手！

不要總把自己當成業餘心理專家，因為沒有人會喜歡被人「看光光」。

65

找到錯誤的愛情治療師

警告所有讀者：

有些心理治療師有明顯的傾向，會引導他們的當事人分手！

分手或許是一勞永逸解決「愛情難題」的方式，但對於沒有打算分手的當事人來說，這無疑是一個致命的錯誤。

66 背負精神創傷的伴侶

舉例而言：太太曾遭受性侵、或先生因參戰飽受精神折磨——這些都會導致極為嚴重的心理創傷，使得整個人不停地在相同的情緒中打轉，心靈一再受到衝擊；他們無法走出當時的夢魘，無法從充滿威脅的狀況中解脫出來。也因此，他們只能默默承受過去的苦痛。

而對另一半來說，即使不是出於自願，身心受創的伴侶同樣也會讓另一半陷入痛苦深淵；但誰也無法怪罪於他，因為對他而言，這是一種為了療傷止痛而產生的必然作為——至少從另一半的角度來看確實是如此。

不過所幸，現在這種心靈創傷已經可以透過喚醒式的心理特殊療法加以治療，藉由這些現代化的創傷療法，痛苦的人們終於可以不用再「土法煉鋼」地咬牙撐過自己所背負的精神傷痛而辛苦生活。或許，這不僅僅造福了一個人，更是一整個家庭的福音。

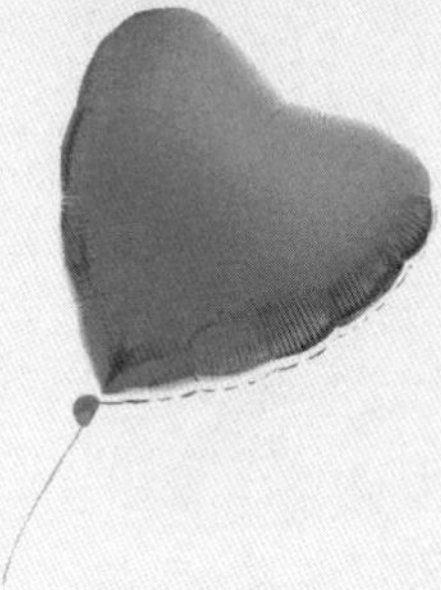

67

朝夕相處，卻不設法「充電」

這是海寧格的一個觀察：

當老婆與老公總是膩在一起，老公可能就會漸漸地無法感受到老婆的女性魅力。因此，老婆應該隨時回到女人堆中充電，重拾女性魅力。例如和好姐妹們話家常的午茶時刻，就是最好的充電時機。

同樣的情形當然也會發生在老公身上，所以每隔一段時間，他也必須和他的哥兒們混一混，為自己的男性魅力充充電。球場就是老公最佳的充電場所。

68

以舊愛做為衡量現在伴侶的標準

你要是這麼做，你們兩個的關係還沒開始就結束了。

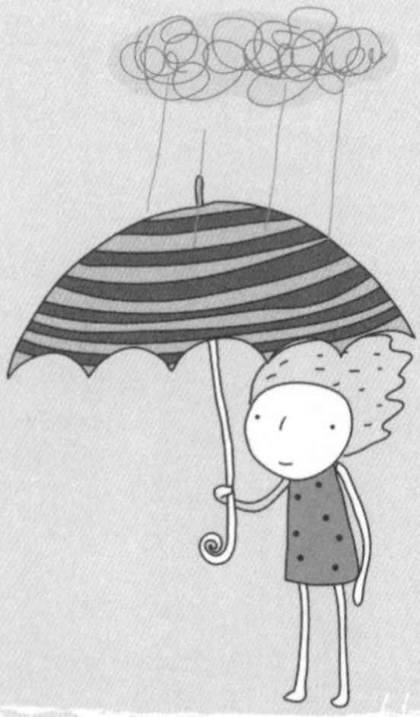

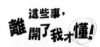

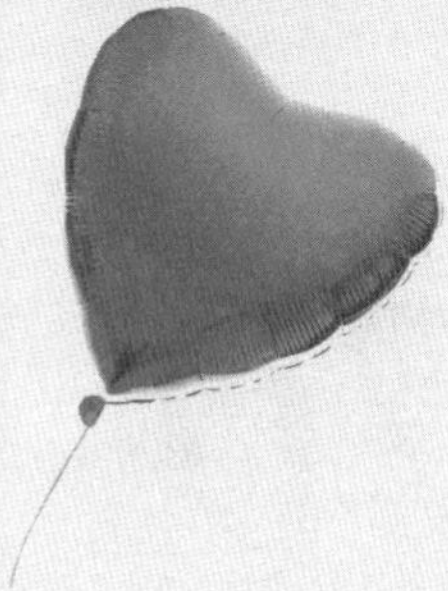

69 為兩性關係犧牲自我

兩性關係中，常常有人會選擇完全放棄原本的自我，希望用此來見證愛情的偉大。

比如有人會說：「我只在乎你或你的事。」

但是，為什麼另一半就一定要為你的人生負起責任呢？像影子一樣的為著對方而活著，你真的覺得這樣會是正常的相處模式嗎？

70

被另一半要求脫離原本的朋友圈

這對自己，對兩性關係，一點好處也沒有。

另一種可能的狀況是，其中一方積極的想要介入另一半原本的朋友圈。這是一種掌控慾的變形，對兩性關係同樣也沒有好處。

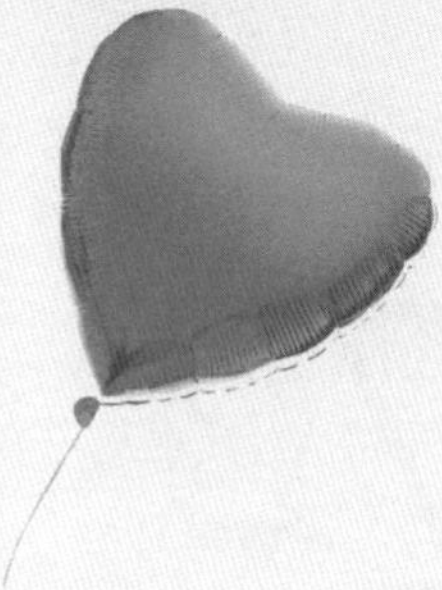

71

將心理治療視為萬能的替代情人

「親愛的，很抱歉我今天晚上沒時間。我必須早點上床睡覺，早上才有精神。下班後我還得直接去○○女士那兒接受治療，所以我明天會晚點回家，你就隨便從冰箱拿點東西熱來吃吧；喔，對了，後天晚上也不行呢，◎◎女士有場公開演講，我不該錯過，反正我想冰箱的東西還夠；還有，我這個週末也沒空，我要參加○○女士的兩性關係研討會。對了，我還是想提醒你一聲，如果這幾年的心理治療對我有幫助，那一定對你也有好處唷……」

72

企圖將孩子塑造成心目中的理想伴侶

這不只是媽媽對兒子，還包括爸爸對女兒。

「我可以從你這裡得到你媽／爸那所無法獲得的東西。」

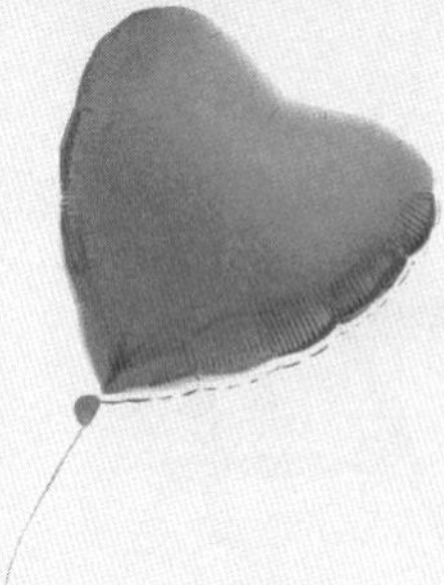

73

該死的宿命論

錯誤是逐漸累積而成的，隨時都有轉機。但如果你將危機，視為錯誤生活方式的必然結果，那麼這該死的宿命論就會引導你走向該死的結局。

請你認清以下兩點事實：

第一，宿命論可能只是個面對危機時的迷信方法；

第二，那只是個不願以建設性方法處理危機的藉口。

74

不懂得「危機就是轉機」

危機往往是兩性關係中的必要轉機。

每對成功的兩性關係都必定經歷過危機，而且往往都是運用存在於每個危機中的轉變而成功地改善了彼此的互動。

遇到危機，在放棄之前，請先學著如何處理吧！或許身邊的人其實就是共度一生的良伴唷。

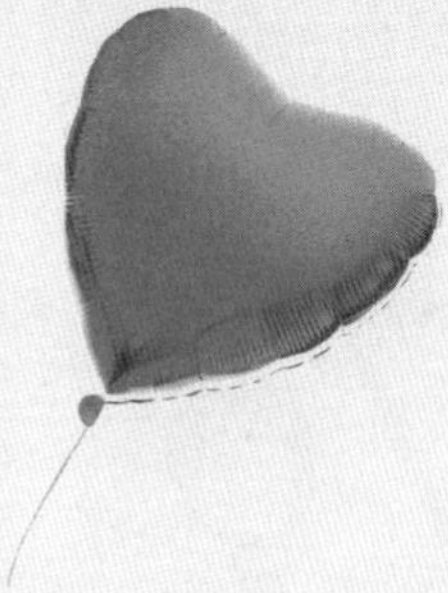

75

為自己家中的事牽腸掛肚，而忽略了身旁的伴侶

從小長大的家庭是每個人絕對無法割捨的感情，但如果你一直和父母「緊緊相繫」，那對另一半來說，你就永遠也不會是個好伴侶。

76

拿孩子當作籌碼

生孩子應該是一件自然而然的事情。而順其自然所生下的小孩也最不會危害夫妻關係。

如果你想將孩子做為維繫關係的工具，老是說著：「這孩子是我們一起生下的！」然後想藉此維繫或挾持另一半，對親子、對夫妻關係都可能有不良的影響。

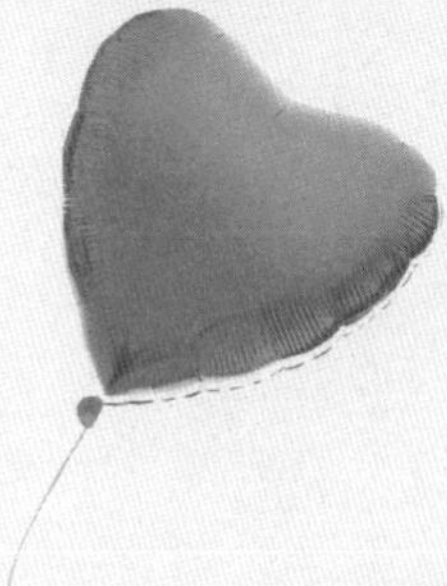

77 不管另一半想或不想，就是堅持要「生孩子」

依照我的臨床經驗看來，這種情況一旦發生通常都會是悲劇收場。

可能有人會反駁，心理治療診所或是醫院裡碰到的，本來就是出了問題的個案居多，當然很難見到喜劇收場的例子。

這種想法當然沒錯，但不可否認的是，我也碰過很多因其他問題而來求診的個案，在這些個案中，我也的確看到一些正面而成功的例子。

其實我們所有的專業心理治療師都一樣，大家從一開始，就會希望最後能看到一個美滿的結局；也因此我們會非常注重個案的優點與正面的地方。因此，不是所有的個案都只有「毛病」，他們往往都另有長處和成功之處。

但在這個「生孩子」的問題上，當一方期盼要有個孩子，而另一半卻不想要時，這種情況我到現在還沒碰過喜劇收場的案例。

即便兩人最後生下孩子，這孩子在成年後很可能在心靈上也會出現陰影——因此在我看來，為了「生孩子」而產生的兩性關係爭執，無論如何都將會出現問題。

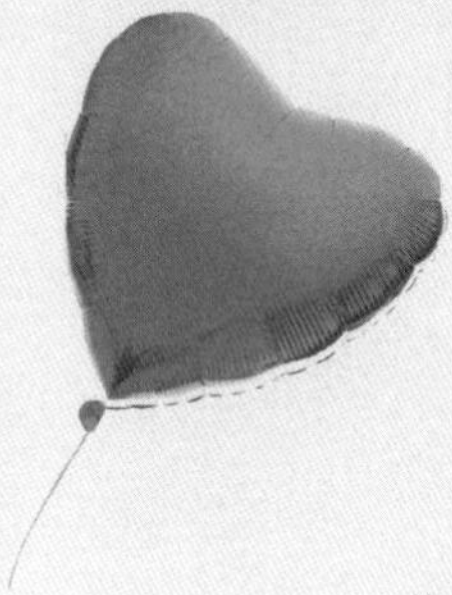

78

因為伴侶不想要孩子而不敢強求

「孩子」其實是夫妻關係中非常重要的一環，就好像上一點所提過的——當一方期盼要有個孩子，而另一半卻不想要時，兩性關係很容易陷入困境——不論是堅持要孩子，還是要隱瞞這個想法，不管如何，其實都無法阻止這悲劇的發生。

當一方想要有孩子，卻愛上一個不想要孩子的伴侶時，他會陷入兩難的情況。這種情況似乎只能透過終止彼此關係來解決。

畢竟用「愛」向對方施壓，藉此滿足自己想要孩子的心願——這種強迫性的作法如前所述，必定會對兩人關係造成傷害；但如果不這麼做，卻又會因為無法壓抑自己內心對於「生育」的天性，最終仍是必須面對分手的局面。

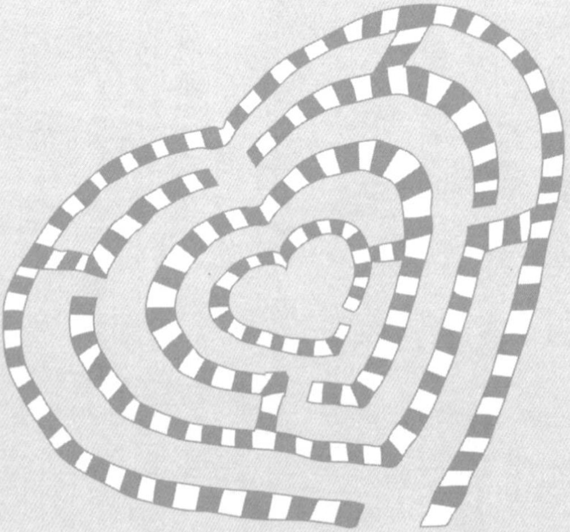

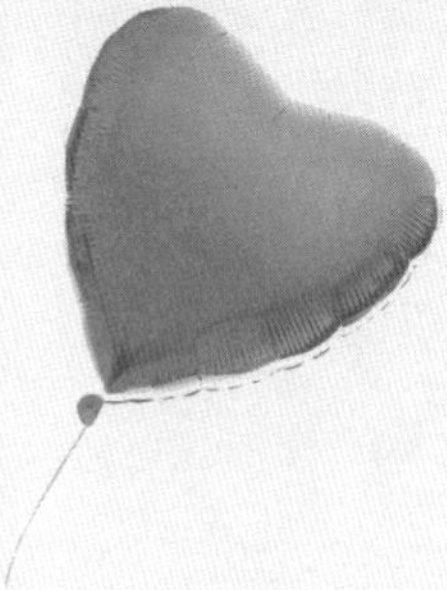

79

老公在老婆懷孕期間因為突然感到害怕而退縮；老婆在產後以「不讓他接近孩子」做為懲罰

這個論調其實是源自於我所遇過的一些悲慘案例。

老婆懷孕時，老公突然因為害怕而退縮，因此讓老婆獨自撐過孤單的懷孕期；生產後，老公卻又忽然清醒過來，下定決心要做個好爸爸，可是這時候老婆卻不讓他靠近孩子，因為她無法原諒他先前的態度。

孩子的成長是無法回頭的，這種夫妻關係不論最後是否能夠重修舊好，破裂的可能卻已然埋下。

80

想向父母證明

有的孩子因為在成長期見到了父母們不協和的兩性關係，又或者基於其他的元素，他們會希望能夠向父母證明自己的兩性關係比他們好

「妳看著，媽，我會和這傢伙分手。」

或是「你們看，我們真的愛著對方，比你們好多了。」

但套用那句老話：「愛情是不能比較的。」你到底是在和誰談戀愛呢？

81 短暫的分手

「我們先分開一陣子冷靜冷靜，之後再見面吧……」

但就我見過的許多個案中，我還沒碰過之後兩人還會在一起而沒分手的案例。

「短暫分手」其實就只是一種比較婉轉的告別方式罷了。

82

不懂得尊重伴侶與其出生家庭的糾葛

「你看看，你又在扯跟你們家有關的那些神經兮兮的事情，我再也不想聽了！」

你要是也敢這麼說，那麼兩性關係就等著觸礁吧。

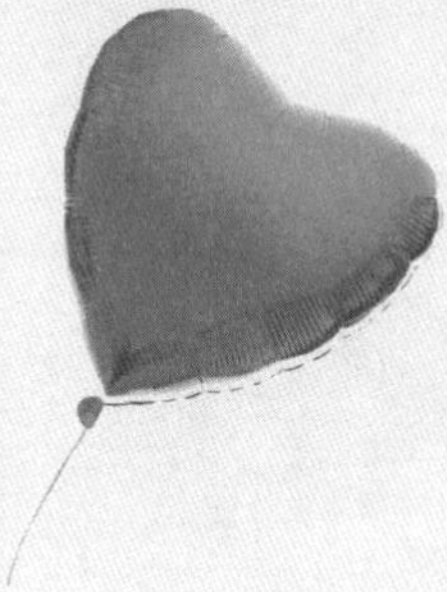

83 和舊愛一直保持密切聯繫

誰管你們是不是純柏拉圖式的友好關係！

我可從沒聽過這麼做卻不會摧毀親密關係的案例。

這種聯繫方式，誰又能保證你不會和舊愛在「情非得已」或是天時地利人和的情況下再度「天雷勾動地火」？

這對新歡來說非常不利，並可能會使新歡覺得自己像個孩子一樣無助。

84

要孩子幫忙守住不想讓另一半知道的秘密

「別跟爸爸說！」

「別跟媽媽說！」

這些話會讓孩子因同夥的身份覺得自己長大了，而且自己很重要，因為他現在要幫忙保守秘密。如果這個秘密是關於給另一半的生日禮物，這當然無傷大雅。

但要是這個秘密是暗地裡的幽會、偷偷酗酒、私房錢，又或是偷偷准許孩子在外逗留的時間比另一半許可的還長——這麼一來，不僅會傷害夫妻關係，還可能包括親子關係。

85

不肯為兩人的親密關係騰出時間

也就是說，不肯騰出讓兩人能有單獨相處的時間。

「我放不下孩子！」

「公司目前的狀況是不會放人的。」

這些都是迴避獨處最常聽到的話。

86

「你可不可以浪漫點……」

「你從來都沒想過要送我花……」

有些情人總是幻想著浪漫的情結，如果他真有了這樣的要求，你要送花給他嗎？

真的送了花，那也不對，他會說：「還要我提醒你，你才知道要送，真是一點都沒有驚喜的感覺！要有浪漫中帶著一些驚喜才對的啦！」

好吧，那到底要對方怎麼做？

這種人還是回去他的幻想世界找對象好了！

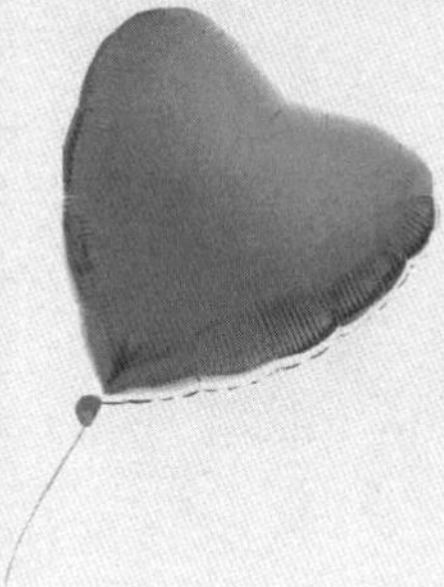

87

「我雖然對你兇了點，但其實這不是你的錯。」

「千萬不要以為我打你、兇你是因為你的關係，其實我有時候就是會失控。這跟你一點關係也沒有，你一定要了解。」

88

「你不用怕我。」

這句話基本上已經傷害了親密關係，因為事出必有因，有誰還能跟這樣的人交往？

事實上，這句話很微妙，而且也可以這麼說，這句話意味著將會一再發生不幸的暴力事件或恐嚇，那只是早晚的問題而已。

89

「我好怕你！」

基本上，這和「你不用怕我。」正好相反。藉由這句話，可以巧妙逼迫另一半對共同的生活融洽與否負起責任。

還有一些相似的情況，例如有人會這麼說：「拜託不要再這樣做了，你讓我感到害怕。」這句話表達了一種希望以特定方法改變對方行為的期望，而這種改變通常是合理的。

但雖然這句「我好怕你！」很普遍也很合理，但對另一半來說卻很不合理！因為他現在每一天都得想著，如何不讓對方擔驚受怕。

90

負擔對方的學費

關於這一點，我聽過一個非常悲傷的故事，因為一旦這種學生完成學業後，就會離開那個當初為她或他賺取生活費的另一半。

要是成了對方的「衣食愛人」，供錢的一方就像是父母，另一個人則是嗷嗷待哺的孩子。在我看過的案例中，身為學生的一方，甚至因為付出的那一方為此有所要求，於是很生氣的數落對方的不是。

這種關係遲早會面臨破裂。

91

先「心靈剖析」，再「互相依偎」

現代人，越來越喜歡鑽研心理和自我成長，而延伸出的問題就是……他們會把感情看得太理性。

就像那句格言「先苦後甘」，可是在兩人的親密關係中，是否真會「回甘」就沒人能保證了。即便是在心理和自我成長領域學有專精的學者專家，他們也常因為這個問題而感情觸礁。

92

兩人的共同興趣只有「性」和「孩子」

根據經驗，這種「同床異夢」的情況，通常在最小的孩子也長大離家後便會引爆那些隱藏的危機。

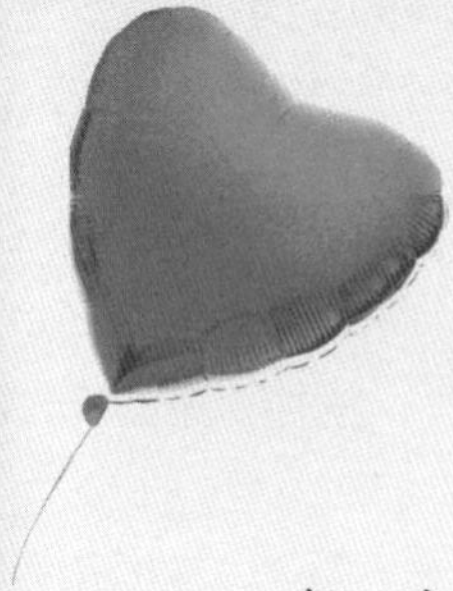

93

不重視婚姻關係中的遊戲規則

這光聽就已經是很令人心驚膽跳了，也是摧毀彼此關係的超級炸藥。

一邊是真心相愛的兩人，另一邊則是婚姻關係中的遊戲規則，這兩者乍看之下彼此相似，但在很多時候其實是相斥的兩面。

婚姻關係或許是最古老的一種關係。早在百萬年以前，我們的祖先因為在原始叢林中生活，除了肉體和生存之道，他們一無所有；於是，在龐大的壓力之下衍生出了無情的遊戲規則。

這場遊戲的規則是：我自己本身是貨物，同時也是進行交易的買方和賣方。這婚姻關係的遊戲規則是一種最原始的規則，不只是在尋找結婚對象的時候有效，它的效力還在雙方約定後一直持續下去。破壞遊戲規則，就等同於違背買賣契約，必須對此付出代價。

在這關係中，人們必須冒著生命危險、相互磋商、達成約定、勇於行動、評估和承擔風險，當然還包括競爭。婚姻關係的力量正如愛情和約定的力量相當，同樣令人重視、令人畏懼。

舉幾個例子來說明吧：

因「愛」結合的老夫少妻，當太太三十九歲時，卻忽然想到還是年輕一點的男人比較好。但她已經跟老公有了孩子。如果她放棄了，如果她去和年輕的男人搞外遇，那

麼他將會失去手邊的「貨物」。於是她最終覺得兩人必須維持現狀才能一起白頭偕老。

先生在他的「黃金時期」離開他忠貞的太太和孩子，因為一個更年輕貌美的對象可以讓他再次體驗青春。他在面臨誘惑的時候並未能理智地抗拒它，他並沒有意識到自己當初是擊敗了多少的競爭對手才能獲得原本的幸福。於是，他將會為此付出代價……

那些對這套長期自然演變而來的遊戲規則感到排斥、不肯順從的人，還老是認為光靠偉大的愛情就可以克服一切，就可以控制自我內心必然產生的衝突與矛盾。這些人的兩性關係，最終一定是慘不忍睹的。

或許我們應該把「天真」定為第八條原罪……

94

看穿並熟知婚姻關係的遊戲規則，然後用來對付另一半

有的人對於遊戲規則熟稔於胸，他們會狡詐的利用遊戲規則來操控另一半。

這種方式遲早也會讓兩人的親密關係面臨另一種、而且同樣殘忍的分手結局。

因為這其中關係到兩者之間的平衡：一方面是活生生的愛情和人的感覺；另一方面則是必須順應婚姻遊戲規則的殘酷事實。

這種平衡就是我們所說的公平。

而公平往往對某些人來說都是不公平的……

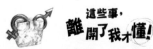

95

放棄親密關係中「可以」和「不可以」的約束性協議

這等於放棄了你們的關係。

96 以為光靠愛情就可以跨越所有的文化隔閡

異國交往或聯姻必須考慮到其中一個人得需要放棄他所熟悉的家園來當做代價，另外更有「接納」異國伴侶所衍生的問題；而背後更有兩方家族的文化衝突問題。

可以想像，接受來自他國文化的伴侶融入自己生活圈的過程中，所可能產生的依賴和負擔。這些都會對親密關係造成大小不一的傷害。

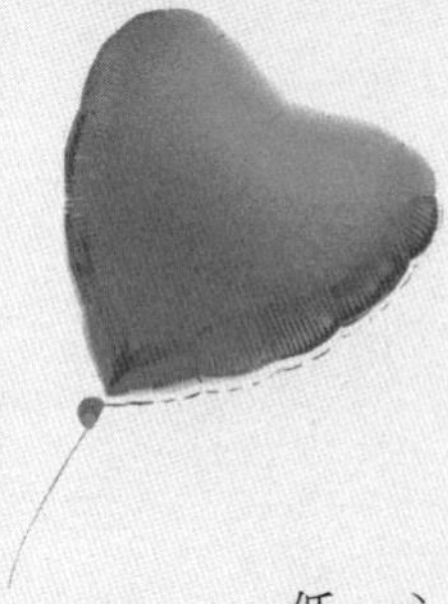

97 奉子成婚

奉子成婚是一種很奇特的形式，對所有牽涉其中的關係人，包括雙方、孩子，特別是兩人的親密關係都會造成負擔和傷害。

「其實我並沒有想過要跟你走到這一步，這個孩子是個意外，現在我必須勉強自己跟你在一起。」

「我那時候還太年輕，不是自己想結婚的。」

可以想見，孩子被迫承擔父母的「過失」，必定會在心中留下心理傷害。而性行為，這種成年人的行為，被貶低為其實是不想要的意外，其實也是對親密的兩性關係造成了某種程度的影響。

像奉子成婚這種條件不成熟的婚姻關係中，可能還會有一些來自外部的壓力：女的可能會被指為不知檢點的女人，男的則被罵是好色衝動的混蛋。

毫無疑問，這種「意外」大多數都歸因於自然演化。自然的天性讓這種事情一而再、再而三的發生，沒得商量。不過，要是當事人將這種事情看成是禮物，孩子的父母能對彼此說：「感謝這美麗的意外讓我們有了更深一層的關係，特別是我們的孩子。」他們就不會對這孩子或是全世界再多說些什麼了。

可是，為什麼這些年輕的成年人要對自己、他們的對象和他們的孩子抱怨這些？讓自己的生活一開始就被冠上這樣的污名？貶低親密關係的價值？

隱藏在問題背後的，其實又是小時候仍未解決的，一股基於愛的需求而產生的晦暗力量。就像海寧格所指出：

這個「大孩子」想要自己的另一半和孩子，可是同時又不想因為這樣而離開他的父母。或許這大孩子會覺得，他很可能無法讓父母接受這樣的情況，因為他覺得年華老去的父母還沒真正享受到親子間的幸福。在這樣的情況下，他將這個新的關係——「奉子成婚」的關係，定義為缺乏控制性慾能力的脫序結果，並藉此告訴他的父母：「我並不是真的想離開你們，這並非出於我個人的意願，也不是我故意的，是因為一時興起的性行為，而把事情弄到今天這個地步。其實，要是沒搞到懷孕，我是還可以繼續當你們的心肝寶貝。但現在你們必須了解，基於責任和道義，我已經是騎虎難下了，得和自己不愛的人在一起，以後可能還會有更多的小孩。我其實更想要當你們的寶貝孩子，這樣我們就可以一起面對這一切。我很想永遠，或是至少再多點時間和你們共享天倫之樂，我可以更堅強地陪你們到老。」

當然不會有人真的想得這麼具體，或甚至對他的父母說這些話，當事人也不會這樣表白，那只是在生活中演變出的無意識的家庭關係。

這種會嚴重傷害自己新組家庭的無意識行為模式，其根源是這大孩子對自己的父母有一股深層而未意識到的愛，覺得自己或自己父母的其中一方，無法從舊有的家庭關係中跳脫出來。所以，這個大孩子現在循著這樣的模式生活，好像他不該長大成人，不能有自己的人生伴侶和孩子。

然而，這大孩子卻又不肯真正捨棄享受身為成人本身的幸福，於是便找了這種不恰當的折衷辦法，用「奉子成婚」做為藉口。

雖然這孩子現在也開始背負著成人特有的「沉重自殘式幸福」，但其實是向父母表達無言的宣示：「這只是個意外，其實跟這個我不愛的人在一起，我也不會真正得到幸福。」如此一來，這個大孩子就能在這種源自兒時的無辜氛圍下，不斷回想跟他同樣無法享受真正幸福而逐漸衰老的父母。

在大部分臨床治療中，這種困惑的家庭氣氛就是問題的心理根源。世世代代，不斷循環。

98

認為幸福恩愛是天上掉下來的禮物，而不是自己努力所換來的結果

這和「酗酒十二步驟療程」中的第一步驟概念有點像：幸福並不在我們手裡，我們應該要汲汲於彼此的親密關係，以從中抓到要領，然後就像上癮的人耗費心思要得到讓他著迷的東西一樣，我們也要奮力追求自己的幸福。

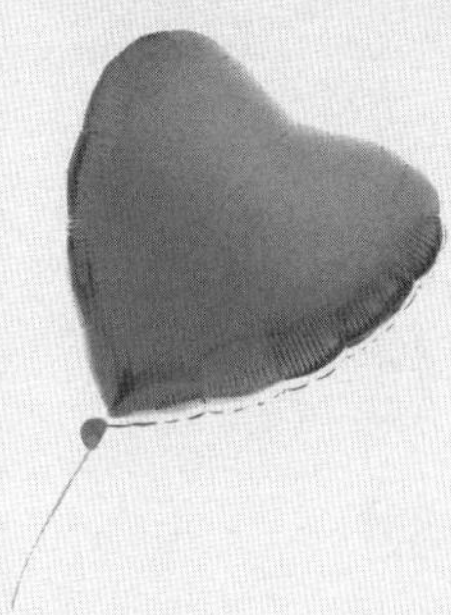

99

拿本書敘述的任何一個論點，在另一半耳邊爭辯不休

結語

最後要再次謝謝地球上所有情侶和夫妻，你們勇敢面對瀕臨破裂或已經決裂的兩性親密關係，你們的態度，幫助我找出這些愛情地雷。當然，這並非刻意。

我並不是因為喜歡才蒐集這些資料，而是出於工作上服務個案的需要。如果讀者還知道有哪些書中所沒有提及的狀況，還請寫封電子郵件到出版社，讓我能豐富殺手名單，感激不盡。

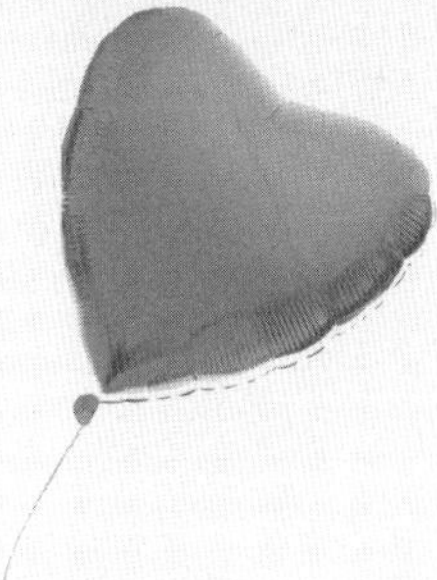

致謝

很多人為本書貢獻良多。首先當然是我摯愛的父母，他們讓我認識到，幽默在兩性關係中的日常互動中是多麼重要；接下來自然是我親愛的老婆，她給了我無數機會，跟她練習和培養幽默。

還要感謝許多和我同輩的朋友，我從他們身上也觀察到一些在兩性關係中誤入歧途的實際經驗，它們具啟發性而「價值不斐」。

寫書過程中，在伴侶關係方面直接或間接影響我最深的專業學者是雷西勒和海寧格（Bert Hellinger）。

能夠在主任醫師雷西勒身邊擔任助理長達八年的學習和實

驗，是我無限的殊榮；而當時我擔任專業復健治療師的太太，也與我一起共事，我們同屬雷西勒醫療團隊。雷西勒醫師不僅教導我們紮實的專業知識，從他身上，我們還學習到許多專業技能，特別是「酗酒十二步驟療程」，到現在對我和我太太的醫療觀念和診療仍有相當大的影響。

而我們最感激他所給予我們的啟發，就是眼前的個案們那種大無畏的勇氣（當然是指診療方面）。

同時，自八〇年代中期起，能大量參與海寧格醫療團隊和大型活動，並且一起學習與合作，太太妲瑪和我都深感榮幸。他在許多重要領域的診療，以及工作上和行事風格上使我們獲益良多。我在書中所提到的許多說法就是根據他的批評指教而寫成。

心理治療博士韋伯（Gunthard Weber）在跟隨史迪林（Helm Stierlin）教授期間，和其他人共同發展出「系統建構思維」

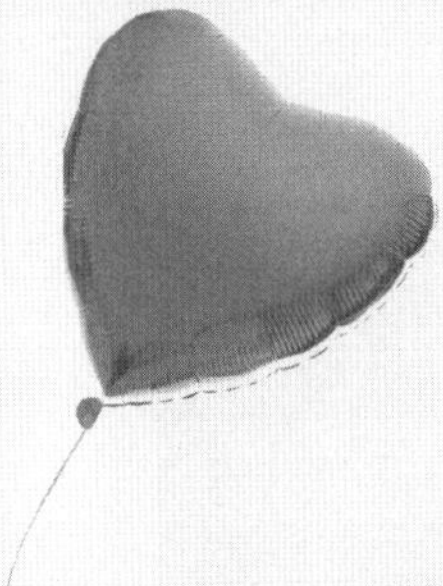

（systemisch-konstruktivistisches Denken）。在他的基礎課程中，我們學習如何建立該系統。和韋伯一樣，我們認為心理治療師，應該可以交互採用不同理論和理念的療法，這和我們需要與不同的個案相互配合的道理一樣。

我們也非常感謝所有的個案，誠心希望能幫他們舒緩痛苦。同時，他們的問題對我們的臨床觀察和專業學習也是相當重要的來源。

感謝我之前的秘書絲多樂（Bärbel Stolle）女士無怨地分擔了所有我攬下的工作；杜瑟（Merle Düser）女士閃電般地完成了書寫工作，同樣為本書的出版貢獻心力；感謝格思出版社的娥鄒（Dagmar Olzog）女士和派拉赫塔（Gerhard Plachta）先生悉心關照。

我最誠摯的感謝要獻給格思出版社的前任發行人威德博士，在此再度感謝他最初對出版此書的提議。

幸福99，別吃愛情毒蘋果

作者　斐德烈・英格沃森（Friedrich Ingwersen）

譯者　蔡慈晢
發行人　林敬彬
主編　楊安瑜
責任編輯　陳亮均、黃谷光
助理編輯　黃亭維
內頁編排　蘇佳祥（菩薩蠻數位文化有限公司）
封面設計　林鼎淵

出版　大都會文化事業有限公司
發行　大都會文化事業有限公司
11051台北市信義區基隆路一段432號4樓之9
讀者服務專線：（02）27235216
讀者服務傳真：（02）27235220
電子郵件信箱：metro@ms21.hinet.net
網　址：www.metrobook.com.tw

郵政劃撥　14050529 大都會文化事業有限公司
出版日期　2014年03月初版一刷
定價　199元
ISBN　978-986-5719-02-9
書號　Master022

Metropolitan Culture Enterprise Co., Ltd.
4F-9, Double Hero Bldg., 432, Keelung Rd., Sec. 1,
Taipei 11051, Taiwan
Tel:+886-2-2723-5216　Fax:+886-2-2723-5220
Web-site:www.metrobook.com.tw
E-mail:metro@ms21.hinet.net

◎本書如有缺頁、破損、裝訂錯誤，請寄回本公司更換
◎本書於2012年11月以《這些事，離開了我才懂！》出版。

國家圖書館出版品預行編目(CIP)資料

幸福99，別吃愛情毒蘋果 / 斐德烈・英格沃森（Friedrich Ingwersen）著；蔡慈晢 譯.; 初版. -- 臺北市：大都會文化, 2014.03
160面；21×14.8公分

ISBN 978-986-6152-58-0（平裝）

1.兩性關係　2.生活指導
544.7　　103001159